Impressum:

© 2014 Claudia Klebach und Olaf Keser-Wagner

Alle Rechte vorbehalten. Nachdruck, auch auszugsweise, sowie Verbreitung durch Bild, Funk, Fernsehen, Internet, durch fotomechanische Wiedergabe, Tonträger und Datenverarbeitungssysteme jeder Art nur mit schriftlicher Genehmigung der Autoren.

Bildnachweis:

Titelseite, S. 119 und Rückseite „Baum": Erfahrungsfeld-Bauernhof e.V.

2. Auflage 2014

Herstellung und Verlag: BoD – Books on Demand, Norderstedt.

ISBN 978-3-7357-2340-6

Auch als Online-Ausgabe erhältlich!

Erfahrungsfeld Bauernhof

Führungen auf Bauernhöfen
Vom Erlebnis zur Erfahrung

Über die
aktive Begegnung
mit
Land, Tier und Mensch
zur
Persönlichkeitsentwicklung

Claudia Klebach

Olaf Keser-Wagner

Inhalt

Vorworte

Auf dem Weg...

In vielen gemeinsamen Seminaren mit meinem langjährigen Kollegen Olaf Keser-Wagner haben uns die Teilnehmer angesprochen: „Kann ich das irgendwo nachlesen?" – „Das möchte ich gerne noch einmal vertiefen." – „Gibt es das auch als Buch, denn ich möchte es meinen Kollegen zeigen."

Nun sind wir diesen Wünschen gefolgt und haben das Wichtigste zusammengefasst, sowie weitere Quellen in den Anhang gestellt. Unser tiefster Wunsch ist es, dass dieses Buch Sie ermutigt selbst rund um das Mensch-Sein zu forschen und zu entwickeln:

5

- Wie lautet Ihre echte Frage?
- Woran haben Sie Interesse?
- Was treibt Sie an?
- Was macht Sie neugierig?
- Was fällt Ihnen ins Auge?
- Welche Situationen stimmen Sie nachdenklich?
- Welche erfreuen Sie besonders?

Und welche Frage führt Sie in Folge dessen immer wieder zu Ihrem eigenen roten Faden des Lebens?

Beim Erfahrungslernen geht es darum, Licht in unser Leben zu bringen und damit Erlebnisse bewusst zu machen. Die feinen Strukturen, die filigranen Verzweigungen, die vielfältigen Wirkungen, die jetzt im Augenblick in uns und unserem Umfeld zusammenlaufen, zu erforschen. So haben wir die Möglichkeit, frei zu wählen, was wir daraus machen: Für unsere Entwicklung Positives zu entfachen oder in ein manchmal schmerzvolles Déjà-vu zu verfallen.

Wer hat nicht herzlich über den 1993 erschienen Film „Und täglich grüßt das Murmeltier" mit dem Schauspieler Bill Murray und einer wunderbaren Andy MacDowell in den Hauptrollen lachen können? Aber was ist, wenn wir dies in ähnlichen Formen im realen Leben erfahren? Immer und immer wieder, bis wir unsere Lektion gelernt haben?

Auf meinem persönlichen Weg habe ich durch aktives Erfahrungslernen mehr Lebensfreude und Begeisterung gewonnen. Wie wunderbar ist es, das, was uns begegnet, bewusst sinnlich wahrzunehmen und sich selbst dadurch lebendig zu fühlen? Neugierig zu sein, auf das, was sich uns offenbart, wenn wir auf das „Dahinter" schauen?

Einstein hat einmal von sich behauptet: „Ich habe keine besondere Begabung, sondern ich bin nur leidenschaftlich neugierig."

Der Grundstein für das Erfahrungslernen ist eine neue Grundhaltung: Fort vom schnellen Urteilen, vom Vorurteil hin zur Offenheit und Fragehaltung in der Begegnung mit Mensch, Tier und Natur.

Für mich persönlich ist es das Gefühl, wirklich zu leben und mich als Teil eines großen Ganzen zu fühlen.

Mengerskirchen 2013, Claudia Klebach

Hinweise zum Umgang mit diesem Buch

Wie viele Bauernhöfe haben wir besucht? Wie viele Menschen dort in ihrer Arbeit beobachtet, ihre Zusammenhänge erforscht, mit fremdem Blick den vorhandenen Blick geweitet? Unsere Erfahrungen gehen auf mehrere Jahre intensiver Begegnungen zurück. Die hier geschilderten Beispiele haben sich manchmal in ähnlichen Situationen wiederholt, ein andermal waren sie wirklich einzigartig – doch stets bereichernd für alle Beteiligten. Vieles von dem, was wir hier zusammengetragen haben, kann man auch im Wald oder sonst wo in der Natur entdecken. Der Baum auf dem Umschlag ist ein Symbol für einen heiligen Ort vor den Türen von Claudia Klebach. Sie hat sich dieses Bild zum Buch gewünscht und man darf die Fragen stellen: Mit welchem Impuls wurde dieser Baum vor hunderten von Jahren gepflanzt? Mit welchen Impulsen wurde er gepflegt, geschützt, geschnitten? Immer wieder haben Menschen Kultur-Impulse in die Natur gesetzt. Diese Menschen sind sehr oft Bauern, Landwirte, Gärtner. Das Erfahrungsfeld-Bauernhof (EFB) zollt all diesen Menschen größten Respekt und Dankbarkeit für ihre Arbeit und macht sich auf die Suche, diesen Impulsen heute auch zu begegnen.

Die Fragestellungen nach Anregungen für Übungen, nach mehr Informationen für Hintergründe und Zusammenhänge, führten zu diesem Buch. Es sammelt eigene Erfahrungen, gibt stichpunktartig, anregend wieder, was uns bewegte, was wir beobachten konnten und was wir daraus gemacht haben. Dieses Buch soll in mehrfacher Hinsicht die eigene Entwicklung unterstützen. Daher sind sehr viele Dinge als Frage formuliert.

Für den schnellen Leser ergeben sich daraus Gedankenräume und Assoziationsbrücken. Der langsamere, bedachtere, kann diese Fragen nutzen, um wirklich zu untersuchen, wie er mit diesen Fragen umgeht und wie sich daran seine eigenen Fragen oder auch Lösungen entwickeln.

Die Anregungen zu den Übungen sind keine genauen Fahrpläne. Sie sind mit einer **Checkbox (☑)** gekennzeichnet. Manche Übungen erscheinen doppelt, weil sie mal unter dem einen, mal unter dem anderen Gesichtspunkt beleuchtet werden.

Außerdem schreiben wir mal in der männlichen, mal in der weiblichen Form, betonen aber, dass wir aufgrund der Lesbarkeit, die Ansprache vereinfacht haben und jeweils beide Geschlechter meinen.

Nun bleibt uns nur, Ihnen vergnügliche, nachdenkliche und ausprobierende Stunden, Tage und Jahre zu wünschen, im Umgang mit diesem Buch.

München 2014, Olaf Keser-Wagner

Was ist das Erfahrungsfeld Bauernhof?

(Claudia Klebach)

Die Idee

Das Erfahrungsfeld Bauernhof ist ein gemeinnütziger, eingetragener Verein, der die echte Begegnung mit der Urproduktion unserer Lebensmittel fördert durch Führungen in der realen Landwirtschaft, Gärtnereien und Forstbetrieben. Darüber hinaus bezieht er ebenfalls die erste verarbeitende Stufe mit ein, also Molkereien, Metzgereien, Bäckereien o.ä., soweit diese direkte Lieferanten aus der Urproduktion haben.

Es gibt verschiedene Anlässe, die die Gründer motiviert haben, aber sie münden alle in ein Ziel:

9

Ein friedvolles, kreatives Zusammenleben, jeder in seiner Individualität als ein Puzzlestein in einem gemeinsamen Ganzen, das Geistige, Mensch, Tier und unsere Erde mit einbeziehend.

Hierzu gibt es eine große Themenvielfalt. Hier einige Beispiele:

Bereich Umweltbildung und Landwirtschaft

- Erneuerung und Erhaltung der Ressourcen unserer Erde
- Persönlicher Bezug zur Urproduktion unserer Lebensmittel und damit die Suche nach neuen Wegen in einen aktiven Erzeuger-Verbraucher-Dialog
- Fairer, respektvoller Umgang mit Mensch, Tier und Natur
- Verständnis für die Situation der Landwirte
- Einblick in die reale Landwirtschaft in Anbau- und Aufzucht-Methoden

Soziale Themen

- Inklusion: Das Akzeptieren der Andersartigkeit und damit die Ausbildung einer wertschätzenden Begegnungsfähigkeit
- Toleranz
- Ausbildung weiterer sozialer Basisfähigkeiten, wie Selbstvertrauen, eigene Wertschätzung, Vertrauen, Eigenverantwortung, Selbstbeobachtung, Kritik- und Kompromissfähigkeit, ...
- Aktive Sprachbildung
- Wege, die eigenen Gefühle und Wahrnehmungen zu erkennen und auszudrücken und ins Handeln einzubeziehen
- Erfahrungs- und Lebenslernen und die Reflexion darüber
- Förderung der Eigenmotivation
- Unterstützung bei Behandlung von Burnout, Stressdepression und Stärkung der persönlichen Resilienz
- Über die eigene Frage auf dem Weg zum roten Faden des Lebens
- Handeln mit Herz und Verstand

10

Organisatorische Hindernisse

Auch organisatorische Fakten können zu Hindernissen bei Begegnungen in der Landwirtschaft führen:

- Lange Wartezeiten auf Schul- und Kinderbauernhöfen in Ballungszentren
- Terminschwierigkeiten der Landwirte in starken Arbeitsphasen (z.B. Heuerntezeit)
- Überlastungssituationen in kleinen Familienbetrieben
- Kosten für die Führungen
- Organisatorische Probleme und Überlastungssituationen der Schulen
- Versicherungsfragen
- Übersichtlichkeit der Angebote

Realität oder Konstruktion

„Das ist extra für mich konstruiert." Oder „Dieses Seminar hat mit dem wirklichen Leben nichts zu tun. Morgen kommt der Alltag und es ist vorbei."

Aussagen dieser Art haben uns hellhörig gemacht Neues zu entwickeln:

Wenn Erfahrungs-Lernen in der realen Landwirtschaft stattfindet, ist es ein Lernen am Leben selbst, das durch und durch echt ist und sich an den dortigen Situationen entwickelt. Somit kann es eine sehr tiefe Wirkung entfalten, wenn es uns gelingt, bei den Teilnehmern den wirklichen Beziehungspunkt zu finden. Oft gibt es eine Frage hinter der Frage, die nur an die Oberfläche kommen kann, wenn wir weiter forschen, statt direkt eine Antwort zu geben. Manchmal entsteht dadurch ein sogenannter „Aha-Effekt", der unmittelbar wirkt, wenn eine ähnliche Situation wieder eintritt und das Thema berührt wird.

11

Zum Verständnis: In der Gehirnforschung ist dies in stark abgeschwächter Form vergleichbar mit der Wirkung eines Schocks, beispielsweise nach einem Autounfall. Was passiert, wenn Sie mit dem Auto nach dem Unfall an der gleichen Stelle das nächste Mal vorbeifahren? Der Puls schlägt schneller, das Bild des Unfalls taucht vor Ihrem inneren Auge auf und erst dann denken Sie: „Bleib ruhig, es wird nicht gleich schon wieder passieren." Im Gehirn ist nachweisbar, dass das emotionale Gehirn, in das sich solche Bilder einprägen, schneller reagiert, als das denkende Gehirn und dies sorgt in diesem Beispiel dafür, dass Sie automatisch den Fuß ein wenig vom Gas genommen haben, also Ihr Verhalten sofort verändert haben.

Zudem sorgt jede Erfahrung für neue Verbindungen im Gehirn, die noch bis ins hohe Alter zunehmen und neu aufgebaut werden können.

Gesundheit und Volksleiden

Die „Welt am Sonntag" berichtet zum Jahreswechsel 2012/13, dass Seelenleiden und psychische Erkrankungen der häufigste Grund für ein unfreiwilliges vorzeitiges Ausscheiden aus dem Berufsleben ist. 2011 hätten rund 41 Prozent der Arbeitnehmer, die eine Erwerbsminderungsrente beantragten, Depressionen, Angstzustände und Burnout geltend gemacht. Im Jahr 2000 lag der Anteil demnach bei 24 Prozent, bis 2010 sei er auf 39 Prozent gestiegen. Insgesamt seien im vergangenen Jahr 73.200 Menschen wegen psychischer Erkrankungen in Rente gegangen, hieß es.

Was ist überhaupt die Ursache für diese Entwicklung? Was können wir tun, um die persönliche Resilienz des Einzelnen zu stärken?

Der Begriff wurde vom lateinischen „resilire" abgeleitet und kann in etwa in „Widerstandsfähigkeit" übersetzt werden. Sie beschreibt die Toleranz und Fähigkeiten eines Systems mit Störungen zurecht zu kommen. Wie können wir also Störungen, die von innen oder außen kommen unter Aufrechterhaltung des Systems ausgleichen? Oder bildlich ausgedrückt: Wie entwickeln wir Stehaufmännchen-Qualitäten? Betrachten wir ein paar Gründe, die zur Belastung führen und entwickeln daraus Lösungsmöglichkeiten. Eine Ursache für Burnout ist die eigene Grundhaltung oder innere Einstellung zu mir selbst und dem was sich von außen spiegelt. Welchen Wert gebe ich mir selbst und welchen den Menschen, die mir begegnen? Welche Rolle spielen die Dinge, die ich tue und welche die Situationen, die sich mir stellen? Ein weiterer Grund von vielen ist, dass unsere Sinnestätigkeit rapide sinkt und wir den Bezug zur eigenen Körperwahrnehmung immer mehr verlieren. So kommt es zum Überhören der leisen Warnsignale unseres Körpers, die sich dann im Extremfall in Krankheit äußern. Dies ist oft mit dem Gefühl verbunden, ohnmächtig einer stressenden Situation ausgeliefert zu sein. Aber sind wir wirklich ohne Macht über uns selbst?

Sinnes- und Wahrnehmungsfähigkeit

Unsere Sinnestätigkeit und Wahrnehmungsfähigkeit sinkt rapide. Ursache dafür ist die Sinnesüberlastung durch Medien, Werbung, permanente Informationsflut vor allem beim Seh- und Hörsinn. Überreiz bei Geschmack und Geruch durch künstliche Geschmacksverstärker und Aromen, kaum Angebote für Tasten, Gleichgewicht.... Durch die neuen Medien, wie Computerspiele, Smartphones, soziale Netzwerke bleiben viele Taten, die früher körperlich ausgeführt wurden, im Virtuellen.

Die Sinne sind das Tor zum Inneren des Menschen. Wenn ich etwas verändern möchte, geht es zunächst darum, wahrzunehmen, was dort ist. Wie kann ich hinschauen, ohne gleich zu urteilen und damit schnell zu verurteilen? Wie kann ich die Dinge in mir mit Geduld reifen lassen, damit das Bild eine Chance hat rund und vollständig zu werden? Wie kann ich Veränderungsimpulse entdecken? Wie diese umsetzen?

Eine neue Achtsamkeit für unser Denken, Fühlen und körperlichen Reaktionen ist in der Gesundheitsforschung ein erprobter Weg in eine solidere Resilienz. Voraussetzung dafür ist es, die Warnsignale unseres Körpers ernst zu nehmen und in konkrete Veränderungsimpulse umzusetzen. Dies können ganz kleine konkrete Schritte und Übungen sein. Viele erwachsene Teilnehmer unserer Führungen spiegeln, wie schnell sie „runter" gekommen sind. Die bewusste und intensive Konzentration auf nur einen oder wenige Sinne wirkt zentrierend und lässt uns zur Ruhe kommen.

Zeit wird beschleunigt erlebt

Ein weiteres Problem unserer Zeit ist es, dass wir den Wandel als immer rasanter empfinden. Die Wahrheit und das Echte kommen schneller an das Tageslicht und setzen sich durch. Das Gefühl, dass die Zeit rast, nimmt zu. Altbekannte, lang gehegte Strukturen verwässern oder brechen ganz weg. Wir suchen Halt im Außen, aber der Wandel sorgt dafür, dass nichts mehr verlässlich erscheint. Gibt es einen Ruhepol, eine Art Fixpunkt in uns selbst, der diesen Halt bieten kann? Ist dieser mit unseren Sinnen erfassbar oder formt sich Neues in uns und eine weitere Erfahrungsebene öffnet die Tore? Wie können wir ein Gefühl der Entschleunigung herbeiführen?

„Wenn Du es eilig hast, dann gehe langsam" heißt es. Dies scheint zunächst paradox, dass wir Zeit gewinnen, wenn wir langsam gehen. Aber beim langsamen Gehen gewinnen wir Zeit für uns selbst und ruhen eher in unserer Mitte, obwohl wir uns bewegen.

Die Gründer

Das erste Mal habe ich den Begriff „Erfahrungsfeld Bauernhof" von Walter Siegfried Hahn gehört. Er unternahm auf Anregung von Robert Friedrich gemeinsam mit Olaf Keser-Wagner 2006 einen Versuch, im Tennental in Baden-Württemberg das Erfahrungsfeld Bauernhof aufzubauen, der sich aber nicht weiter entwickelte.

In Mengerskirchen im Westerwald starteten wir zu dritt 2008 ein neues Pilotprojekt gemeinsam mit dem Bildungsforum Mengerskirchen. Zum ersten Ausbildungsgang gehörten Teilnehmer aus den Bereichen Landwirtschaft, Schule und Erziehung, genauso wie Menschen ohne entsprechende fachliche Vorbildung. Schnell wurden die hohe Wertigkeit und die Wirkung auf die von uns geführten Kinder geschätzt, so dass der Aufbau kontinuierlich weiterging und in die Vereinsgründung am 04. August 2009 mündete. Gründungsmitglieder waren, in alphabetischer Reihenfolge:

- Imker und Seminarleiter Robert Friedrich
- Erfahrungsfeld-Entwickler und Sozial-Künstler Walter Siegfried Hahn
- Evokator und Dipl. Ingenieur agrar. Olaf Keser-Wagner
- Unternehmerin im Lebensmitteleinzelhandel und Coach Claudia Klebach
- Leadership Coaching Jutta Stockheim-Shah
- Erzieherin Claudia Wagner
- Ärztin mit langjähriger Erfahrung als Schulärztin und Eurythmistin Grace Zozobrado-Hahn

Die Gründer haben langjährige Erfahrungen mit den Arbeiten von Hugo Kükelhaus, Lex Bos, Claus Otto Scharmer, Rudolf Steiner, Goethe und vielen mehr, teils im Erfahrungsfeld zur Entfaltung der Sinne und des Denkens im Schloss Freudenberg in Wiesbaden unter der Leitung von Matthias und Beatrice Schenk, siehe Kap. Quellen und ergänzende Literatur.

Eine Führerin eines Kunst-Museums erklärte mir einmal, dass der Kubismus in der Malerei an zwei verschiedenen Orten auf der Welt gleichzeitig entstanden sei. Lag hier die Idee ebenso in der Luft? Und es beginnt mit der Wahrnehmung ….

Lange habe ich versucht herauszufinden, wer eigentlich die erste Idee dazu hatte, aber es ist mir nie wirklich gelungen. Es ist eher so, dass die Idee in einigen von uns auf verschiedene Art parallel gereift ist. Wenn die Zeit für etwas reif ist, sprießt es, wie die ersten Schneeglöckchen plötzlich in verschiedenen Interessenfeldern und beruflichen Kontexten. So empfinden wir es als Geschenk, dass uns das Schicksal zusammengeführt hat und wir das Erfahrungsfeld Bauernhof gründen durften. Jede Frucht, die es trägt, ist uns allen eine große Freude.

Was mit einigen Führungen auf Höfen begann, mündet heute in Kooperationen mit den Hessischen und Rheinland Pfälzer Ministerien für Umwelt, Energie, Landwirtschaft und Verbraucherschutz im Projekt „Bauernhof als Klassenzimmer".

2012 erhielten wir vom Hessischen Sozialministerium und der Karl Kübel Stiftung als einer der Ersten die Auszeichnung „Lernorte der Zukunft in Hessen", was uns sehr geholfen hat, auch Sponsoren zu motivieren. Wir danken allen, die Kindern, Jugendlichen und Erwachsenen Führungen auf Höfen ermöglichen. Dies entlastet die Eltern in der Finanzierung und die Pädagogen in der Organisation. Es ermöglicht den Landwirten die zeitliche Ressource zu entwickeln, denn sie benötigen meist zusätzliche Arbeitskräfte, vor allen Dingen in kleinen Familien oder Ein-Mann-Betrieben.

2013 erhielten wir vom Rat der Nachhaltigkeit, der 2001 von der Bundesregierung ins Leben gerufen wurde, das Qualitätsprädikat „Werkstatt N-Projekt 2013" für vorbildliche Projekte in

Deutschland, sowie eine Auszeichnung des NABU Bundesverbands für die erfahrbaren Denkanstöße im Handel und bei den Verbrauchern.

Das Besondere des Erfahrungsfeld Bauernhofs ist dabei, dass es losgelöst ist von einer bereits fertigen, vorbestimmten Richtung, die manche Gruppierungen einnehmen. Die Wahl der Richtung bleibt völlig frei in der Entscheidung des Teilnehmers. Es schult lediglich eine neutrale, fragende Grundhaltung und eine offene, vorurteilsfreie Begegnungsfähigkeit.

Dogmenfreiheit

Eines der wichtigsten Elemente des Erfahrungsfelds Bauernhofs ist die Dogmenfreiheit. In den Begegnungen auf den Höfen und in der Urproduktion unserer Lebensmittel sind wir lediglich neutrale Moderatoren. Die Urteilsbildung kann auf diese Weise frei und unabhängig beim Teilnehmer erfolgen auf der Basis der eigenen sinnlichen Wahrnehmungen und Erfahrungen. Wir sind verhaltener in der Wissensvermittlung und fördern stärker das eigene Entdecken, Erforschen, Erfahren mit der Frage: „Was habe ich eigentlich mit dem Ganzen zu tun?" Über die sinnliche Erfahrung verbunden mit einer inneren Fragehaltung können wir eine intensivere Beziehung zu dem Neuen aufbauen.

In der Ausbildung entwickelten wir die Ausführungen von Lex Bos bezüglich der „Dynamischen Urteilsbildung" und Teile der „Theorie U" von Claus Otto Scharmer weiter. Hierzu im Kapitel „8x8 – Landkarte für Erfahrungslernen" mehr.

17

Wie kommen wir zu unseren Zielen?

Einfachheit und Ausbildung

Dem echten, ureigenen Erfahren ist heutzutage wenig Raum geboten. Daher erscheint es uns notwendig, Menschen darin auszubilden, die Qualität ihrer eigenen Erfahrungen wieder schätzen zu lernen und die Freude am gemeinsamen Lernen mit den Gästen auf den Höfen zu erleben. Um sich darüber verständigen zu können, welche Lernprozesse geschehen sind, braucht es eine gemeinsame Sprache und eine grundlegende, einfache Methodik, mit der sich die Lernwege abbilden lassen. Auf dem Weg zur Ausbildung hat sich die Dynamische Urteilbildung zum 8x8 weiterentwickelt. Näheres dazu im Kapitel über das 8x8.

Der Verein bildet bundesweit Interessierte zum Erfahrungsfeld-Begleiter aus, meist aus den Berufsgruppen Landwirte, Gärtner, der ersten verarbeitenden Stufe oder aus dem pädagogischen Bereich. Eine spezielle Vorbildung ist aber nicht Bedingung. Bei einer Mindestteilnehmer-Zahl von 8 Personen kann die Ausbildung auf jedem Hof überall mobil auf Anfrage stattfinden.

Die Blockausbildung zum Erfahrungsfeld-Begleiter dauert 2x2 Tage. Nach dieser Grundausbildung sind die Teilnehmer fähig, mit den Führungen zu experimentieren und sich gegenseitig in der Reflexion zu unterstützen. Bei praktischer Umsetzung ist über die Abgabe einer schriftlichen kleinen Aufgabe eine Zertifizierung möglich. Auf unserer Homepage *www.erfahrungsfeld-bauerhof.org* kennzeichnen wir ausgebildete Erfahrungsfeld-Begleiter und Zertifizierte mit dem bunten Logo. Die Ausbildung ist der Grundstock, über die selbst durchgeführten Führungen weiterführende Kompetenzen eigenständig zu entwickeln und aufzubauen.

Jede durchgeführte Hofbegegnung fördert den eigenen Erfahrungsschatz und das Dazu-Lernen hört nie auf. Die Gruppe wird zum Erfahrungsfeld des jeweiligen Erfahrungsfeld-Begleiters. Mit der Gesprächslandkarte 8x8 können die Führungssituationen auf einfache Art reflektiert werden, so dass sich daraus neue Fragen entwickeln.

Die Erfahrungsfeld-Übungen formen sich ständig neu aus dem, was die Teilnehmer tun oder aussprechen. Dies steht oft im Zusammenhang mit dem persönlichen oder beruflichen Umfeld. Der Verein unterstützt den Austausch über selbst Entwickeltes und wird dabei zu einer sich selbst aufbauenden und gemeinsam entwickelnden, lernenden Organisation.

19

Auf Arbeitsmaterialien, wie Fragbögen und Aufgaben zur schriftlichen Beantwortung verzichten wir, damit sich das Interesse frei entfalten kann und nicht schon vorher eingeschränkt ist. Bei Schulklassen können die begleitenden Pädagogen bei der Führung schauen, was sich unter den Teilnehmern entwickelt, auch bezüglich der Gruppendynamik. Wird dies anschließend im Unterricht aufgegriffen, so ist das Lernpotential viel größer, weil bereits eine persönliche Beziehung zu dem „Stoff" entstehen konnte.

Viele Landwirte und Lehrende schildern, dass es für sie eine Erleichterung bedeutet, auf diese Weise Gruppen zu führen, da sich die Gruppen harmonischer zusammenfügen und die Teilnehmer aufmerksamer „dran" bleiben. Zum anderen sei jede Führung immer wieder neu und spannend, weil sie sich aus der Individualität, Taten und Aussagen der Teilnehmer entwickle. Die Vorbereitung sei wesentlich einfacher. Allerdings erfordere es anfangs ein wenig mehr Mut, sich auf die eigene Spontaneität zu verlassen und ohne vorher konstruierten Ablaufplan in die Führung zu gehen.

Erwachsenenbildung

Ebenso bietet das Erfahrungsfeld Bauernhof auf der Ebene der Erwachsenen-Bildung ein besonderes Potential:

Auf dem Hof entstehen gruppendynamische Lern-Situationen, die z.B. im Berufsalltag oder in anderen Gruppierungen ähnlich vorkommen. Der Puffer des anderen realen Arbeitsumfeldes ermöglicht uns, leichter zu Einsichten zu kommen, die im Betrieb nur schwierig erfassbar sind. Ein Beispiel: In einer Erwachsenenfortbildung saß eine Gruppe am Lagerfeuer. Einer warf ein Holzscheit ins Feuer, auf dem eine Nacktschnecke saß. Es dauerte unendlich lange, bis jemand aufstand, und das Holz wieder herausholte. Die Gruppe sagte später: „Jeder hat es gesehen. Wieso hat es so lange gedauert, bis sich jemand verantwortlich gefühlt hat?"

Themenorientierte Seminare und Workshops können den Einstieg in schwierige Arbeitsfelder erleichtern und wieder neue Ideen entfachen.

Es geht um die Frage, mit welcher Grundhaltung wir uns begegnen und welche Auswirkung dies auf den Arbeitsalltag hat.

Viele Probleme im Berufsalltag entstehen durch unterschiedliche Meinungen und Visionen für die Zukunft. Welche Haltung ist nötig, damit wir effektiv und harmonisch miteinander arbeiten können? Oder: Was brauchen wir, damit uns die Arbeit wieder richtig Freude macht?

Mehr dazu im Kapitel zum 8x8 (Siehe Seite 77 ff.).

Netzwerkbildung

Nach der Ausbildung oder nach der Zertifizierung zum Erfahrungsfeld-Begleiter können sich diese auf der Homepage in drei verschiedenen Zugangsstufen in einer Landkarte eintragen und Ihre Termine für Führungen und Aktionen auf die Homepage stellen.

Schulen, Kindertagesstätten, Vereine, Unternehmen und Menschen, die Führungen buchen möchten, finden auf dieser Landkarte Höfe oder mobile Erfahrungsfeld-Begleiter, die auf Anfrage auch von anderen Orten anreisen und Führungen machen können.

Der Verein bietet den aktiven Erfahrungsfeld-Begleitern auf Wunsch auch die Nutzung der Vereinsversicherung an. Sie haftet, falls die Betriebshaftpflicht des Hofes im Schadensfall eine Unterdeckung aufweist.

In einem speziellen Mitarbeiter-Login finden die Teilnehmer einen Katalog mit Übungsideen, Hintergrundinformationen, Forschungsergebnissen und wissenschaftlichen Arbeiten von Studenten, sowie Materialien aus unseren Workshops und der Blockausbildung. Es besteht die Möglichkeit, selbst zu den

Übungsideen und Forschungsergebnissen beizutragen und sich darüber auszutauschen.

Gleichzeitig sucht der Verein nach Unterstützern, die Kindern in Schulen oder Kindertagesstätten Führungen ermöglichen. Für die Sponsoren ist die Homepage ebenfalls Vernetzungs-Instrument. Diese können selbständig auf Höfen anfragen, wenn Sie aktiv spenden möchten und es entsteht kein zusätzlicher, kostenintensiver Verwaltungsaufwand.

Ziel Persönlichkeitsentwicklung

Die Frage als Grundmotiv

Die Pisa-Studie ist in aller Munde. Wie werden wir Deutsche besser in Allgemeinbildung? Die Schweden befanden sich 2012 mit einem enormen Abstand auf Platz 1 dieser Studie. Frau Prof. Pramling Samuelson von der Uni Göteborg, der zweitgrößten Stadt Schwedens, berichtete im Auftrag des hessischen Sozialministeriums, woran dies aus ihrer Sicht liege:

Der Grundstein werde schon in der frühkindlichen Bildung gelegt. Wie können Kinder bereits in der Vorschule aktiv durch selbständiges Handeln die Dinge tun lernen? Wie schaffen wir damit eine sozio-kulturelle Erfahrungs-Perspektive?

So entstehen pädagogisch-didaktische Fragen an die Bildungsforschung, die folgende Merkmale beinhalten:

- Die Betrachtung des Lernens als kommunikative Form
- Zielgerichtetes Lernen in der Praxis nach individuellem Wissensstand

- Didaktik: Es geht nicht darum, abgepacktes Wissen an die Kinder zu geben, sondern um die Kunst das Wissen so darzulegen, dass es selbst erfahren werden kann.

Dazu führten die Schweden eine Studie durch, in der Pädagogen mit einer Auswahl an Knöpfen und Kunststoffteilen mit den Kindern spielen sollten und filmten dies. Die Auswertung der Videos ergab interessante Unterschiede in den Arbeitsweisen der Pädagogen. Folgende Formen gab es zu beobachten:

- gemeinsames Fantasieren
- Darstellung und Nachspiel
- gemeinsames ästhetisches Empfinden
- wirklichkeitsorientiertes Sortieren nach Größe und Farbe
- sinnbildliches Einsetzen
- Erlernen von Geben und Nehmen, Danke und Bitte

Nicht alle Lehrer wurden kreativ in alle Richtungen. Im Groben konnte man einerseits eine Art statisches Lernen feststellen, bei dem die Anleitung sich aus dem formte, was der Lehrer gerne mochte, z.B. Pläne umsetzen, wie sortieren und anmalen. Hier stand die reale Wirklichkeit im Vordergrund über Farbe, Klang, Form usw., immer ganz nah am Objekt.

Und andererseits gab es ein dynamisches Lernen mit

- Vergleichen und Metaphern
- persönlicher Verbindung zur Situation
- Ideenäußerung und Integration freier Aussagen über die Welt

So entstehe ein Freiraum zur Verbindung zur kindlichen Welt. Es entstehe eine Beziehung zu dem, was heute oder gestern war, mit ständigen Perspektivwechseln zwischen Lehrern und Kindern.

23

Die Konzentration lag bei der Kommunikation mit den Kindern. Es ging darum, dass die Kinder Worte finden für das, was sie machen, mit ihnen zu reflektieren und sie in den Dialog zu bringen.

Dies hole die Kinder dort ab, wo sie stehen und bedeute Bildung im Sinne des „gemeinsamen Machens". Es entstehe eine gemeinsame Plattform zwischen Lehrern und Kindern, auch für nonverbale Inhalte. Man dürfe die Kinder nicht so sehr drängen, dann öffne sich die Chance auf ein leichtes, spielendes Lernen. Hierbei kann sich eine Innenbeziehung Kind – Welt entwickeln. Die Kinder suchen nach dem Sinn und der Bedeutung der Dinge. Die kommunikative Ebene entwickelt sich gleichzeitig im Spiel. Die Kreativität wird im Ausprobieren und Entdecken neuer Varianten gefördert.

In einem weiteren Versuch sollten 15 Kinder malen, was für sie Wasser bedeutet.

15 Kinder malten 15 verschiedene Ideen und Varianten. Eine super Grundlage für weiteren Austausch und Unterricht.

Um wie viel geringer ist dagegen das Spektrum, wenn von nur einer Person die Bedeutung des Wassers vermittelt wird?

Eine offene Frage im Erfahrungsfeld Bauernhof bedeutet Neugier, Motivation, Spannung und Abenteuer. Wie fühlt es sich an, wenn eine Frage anfängt, auf der Zunge zu brennen?

Der holländische Soziologe Lex Bos sagte einmal, dass wir in Deutschland eher in einer Antwortgesellschaft leben und forderte eine neue Fragekultur.

Deckel darauf – Interesse weg!

Im Umgang mit Fragen geben wir in der Regel sofort eine Antwort. Bei der reinen Wissensvermittlung erfolgt der Energiefluss vom Lehrer zum Lernenden.

Bei der offenen Frage und dem eigenen Entdecken, Erforschen, Erfahren geht eine Energie vom Lernenden selbst aus in Form der Frage und der Neugierde, die herausfinden möchte. Dies sorgt dafür, dass das Wissen viel tiefer aufgenommen wird und darüber hinaus sogar in einen Handlungsimpuls münden kann.

Beim Erfahrungsfeld Bauernhof nennen wir dies mit einem kleinen Augenzwinkern das „Hirtentäschel-Phänomen": Ein kleiner Junge kam mit einer Pflanze zu Walter S. Hahn und fragte: „Walter, was ist denn das?" Walter antwortete: „Das ist ein Hirtentäschel." Darauf warf der Junge die Pflanze über die Schulter und rannte weg.

Das Fazit des Experiments:

Welche Möglichkeiten hätten sich geboten, wenn Walter eine Gegenfrage gestellt hätte? „Komm wir schauen mal, wie sieht die Pflanze denn genau aus? Beschreibe mal, was Du hier siehst." Oder: „Wieso möchtest Du das denn wissen?" Oder, oder, oder….

Die Frage führt und wer fragt, führt den anderen oft in ein neues Gebiet. Schafft es an die innere Beziehung des anderen anzuknüpfen und damit die echte Frage hinter der ersten banalen Frage zu finden.

In Biographien großer Persönlichkeiten ist oft markant, dass eine brennende Frage sich zum roten Faden des Lebens entwickelt hat.

25

Mit eigenen Sinnen entdecken

Über unsere Sinne gelangen wir zum eigenen Entdecken von Zusammenhängen. Als Unternehmerin habe ich mich schon in den ersten Jahren gefragt: „Wieso muss ich dem Einen alles bis ins Kleinste erklären und wieso sieht und weiß der Andere die Dinge von selbst?"

So habe ich mich auf den Weg gemacht, diese Frage zu erforschen.

Welche Rolle spielt dabei die Intelligenz? Wenn ich Schulabgänger in ihrer Leistung im Betrieb über den Notendurchschnitt vergleiche, so hat dies nur bedingt mit dem IQ zu tun. Es ist eher eine Kombination aus praktischer Veranlagung, Willen, Einflüssen des sozialen Umfeldes und dem IQ.

Hinzu kommt, dass die Emotionen im Arbeitsfeld auf verschiedene Arten zu Hindernissen werden können. Daniel Goleman, amerikanischer Psychologe und über Jahre verantwortlicher Redakteur für Psychologie und Neurowissenschaften bei der „New York Times" hat mit seinem 1995 erschienen Buch „Emotionale Intelligenz" viele Studien beschrieben, die den Einfluss der emotionalen Fähigkeiten darstellen.

Welche Rolle spielen also die menschlichen Gefühle? Welchen Unterschied macht es, ob ich Angst, Wut, Aggression oder Liebe, Freude, Zuneigung usw. empfinde?

Sein Fazit: Nur wenn das Gefühlsleben intakt sei, nutze auch der Intellekt etwas. Unser emotionales und rationales System stehen ständig in einer hochkomplexen Wechselwirkung. Aber wie können wir uns diese überhaupt bewusst machen?

Bruce Lipton, amerikanischer Zellbiologe, mit langjährigen Professuren an den Universitäten Wisconsin und Stanford, geht davon aus, dass unser Geist stärker als das Gen ist. In seinem Buch „Intelligente Zellen – Wie Erfahrungen unsere Gene steuern" beschreibt er eindrücklich anhand der Biologie unserer Zellen, wie diese durch unser Denken nachweislich beeinflussbar sind. Jeder Gedanke ist bereits eine Energie, die in unserem Körper eine positive oder negative Schwingung verursacht. Schon Einstein sagte, dass das Energiefeld die Materie formt. Das Beispiel der Eisenspäne auf einem Pappdeckel, die ihre Lage sofort verändern, wenn ein Magnet unter der Pappe bewegt wird, zeigt im übertragenen Sinn, was in unserem Körper ablaufen kann. Die heutige Medizin bezieht dieses Feld nur wenig mit ein. Die Quantenphysik hält nur langsam Einzug in das Medizinstudium. Was bedeutet dies?

27

In der Physik betrachten wir die Ursache und Wirkung, sowie die Eigenschaften und Verhalten von Materie bei äußeren Einflüssen, wie z.B. Temperaturschwankungen bei Wasser von fest, flüssig bis gasförmig. 1929 definiert Max Planck den Begriff Wirkungsquantum. Hierbei geht es um die Energieeinheit, Wellen und Schwingungen.

Dies eröffnet neue medizinische Möglichkeiten: Was wäre, wenn wir fähiger werden, den Placebo-Effekt ganz bewusst zu nutzen?

Der Placebo-Effekt zeigt im Doppelblindversuch, wie stark die Wirkung von Scheinmedikamenten auf unseren Körper völlig ohne Nebenwirkungen sein kann. Bei zwei Gruppen Ärzten und Patienten, von denen keiner weiß, wer das wirksame Medikament und wer die Zuckertablette nimmt, wird bei beiden eine

Wirksamkeit nachgewiesen. Die Wirksamkeit ist stark abhängig vom Vertrauen, das Arzt und Patient in das Medikament setzen, egal ob mit Inhaltsstoff oder ohne. Sie wird heute je nach Vertrauensstärke auf etwa 20 % bis 80 % geschätzt. Welche energetische Wirkung haben also ein Gedanke oder eine Erfahrung auf unsere Gefühle und damit auf unseren Körper? Wie stark ist unser Handeln davon beeinflusst?

Jede neue Erfahrung sorgt für eine Verbindung im Gehirn. Kleine neue „Pfade" werden erst bei häufigerem Gebrauch zur „Datenautobahn" und damit zur Gewohnheit. Der Ursprung jeder Erfahrung ist die sinnliche Wahrnehmung. Üben wir sinnliche Wahrnehmung und bringen deren Wirkung auf uns und deren Auswertung zur Sprache, aktivieren wir gleichzeitig das selbständige Erkennen von Zusammenhängen.

Schauen wir nun noch einmal auf meine Ausgangsfrage, wieso der eine Mitarbeiter die Dinge selbständig erkennt und handelt, so liegt dies in erster Linie an der Wahrnehmung und an dem Bewusstsein über diese. Nur wer aktiv hinschaut, kann über die Auswertung der eigenen Wahrnehmung überhaupt zu einem Handlungsimpuls kommen. Der Handlungsimpuls tritt auf, wenn das Wahrgenommene mit der eigenen Vision oder dem eigenen Ziel abgeglichen wird. Dazu kommt, ob der Blick mehr nach innen oder eher nach außen gerichtet ist.

Begegnungsfähigkeit – Vom Vorurteil zur Inklusion

Zwei Menschen begegnen sich und sind sich sympathisch oder unsympathisch.

- Wie verhalten wir uns?
- Ist unsere Meinung über den anderen spürbar?
- Äußert sie sich im Gefühl, in Gestik oder Mimik?
- Was ist, wenn das Wort dazu kommt?
- Welche Begriffe wählen wir?
- Wie neutral sind diese wirklich?
- Wie schwingt der Ton und wie hoch ist die Lautstärke?
- Kommt nun die Tat dazu, drückt sie ebenfalls unser Urteil aus.

Im Erfahrungsfeld Bauernhof üben wir, das Urteil zunächst zurück zu halten und länger in der aktiven Wahrnehmungsphase zu bleiben. Je länger wir mit unseren Sinnen eine Sache wahrnehmen und von verschiedenen Seiten anschauen und beleuchten, desto umfassender und tiefer wird die Beziehung zu dem Entdeckten. In der menschlichen Begegnung kann das urteilsfreie Entdecken des anderen zu tollen Erfahrungen führen, die wir sonst nie gemacht hätten. Inklusion bedeutet, den anderen als andersartigen, aber gleichwertigen Partner zu sehen. Was kann ich aus dieser Begegnung lernen oder schöpfen?

Die kleine Sandra war bei der Bauernhofführung immer die letzte. Die Gruppe entdeckte einen angetrockneten Misthaufen und lief mit zugehaltener Nase schnell darüber. Nur Sandra schaute genau hin, breitete die Arme aus und fing an, auf dem federnden Haufen zu hüpfen. Die anderen Kinder drehten sich um, um zu schauen, was Sandra dort so lange machte. Sie sahen ihre strahlenden Augen und hörten ihr Lachen. Schon drehte Andreas um und probierte ebenfalls aus, was Sandra so zum Lachen brachte. Kurze Zeit später hüpften alle Kinder zusammen und hatten viel Freude.

Einem Jungen mit einer spastischen Lähmung im Rollstuhl hüpfte ein kleines Kätzchen auf den Schoß und schmiegte sich an. Ein kleines Mädchen fragte darauf, ob sie mit auf den Schoß dürfte. Die Mutter bejahte und schon schmiegten sich der kleine Junge, das Kätzchen und das Mädchen aneinander. Wo wir Erwachsenen Begegnungsängste hatten und uns im Umgang unsicher fühlten, schlugen das Kätzchen und das Mädchen eine wunderbare Brücke.

Die blinde Pauline führte ihre Mitschüler, die Hände auf den Schultern des anderen, alle mit geschlossenen Augen quer über den Hof in ein Gewächshaus. Ihre Orientierungshilfe war ein Glockenspiel. Ich ging als zweite hinter Pauline und wollte sie, falls nötig, über die Schultern ausrichten. Welch großartigen Aha-Effekt durfte ich erleben: Pauline ging mit einer absoluten Sicherheit und großem Vertrauen ohne Abweichung direkt zum Ziel. Dort angekommen, wollten die Kinder das Glockenspiel läuten. Die meisten schlugen mit der flachen Hand sehr kräftig an den Klöppel. Ich fragte die Kinder, wer es dann ganz leise spielen könnte. Pauline meldete sich, tastet ganz feinfühlig mit dem Klöppel die umliegenden Klangröhren ab und spielte uns ein zartes Lied. Die anderen probierten es anschließend ebenfalls ganz leise.

Jeder Mensch hat seinen Sinn und Platz in der Gesellschaft. Was können wir voneinander lernen? Wie spannend kann es werden, wenn wir uns mit jeder Faser und ganzer Konzentration auf neue Begegnungen einlassen? Können uns z.B. Menschen mit Handicap wieder in das Entdecken der Langsamkeit führen sowie in das Entdecken einer neuen Sozialkompetenz?

Übung: Probieren Sie einmal beim nächsten Kennenlernen Ihr Eigenes völlig zurück zu stellen und den anderen nach seinen Interessen zu fragen, sich auf seinen Feldern zu bewegen und Neues zu entdecken.

Schauen Sie anschließend, wie Sie sich fühlen. Was hat sich bei Ihnen verändert?

Ausbildung von sozialen Basisfähigkeiten

Unsere sozialen Fähigkeiten helfen uns, andere zu verstehen. Faires und emotional intelligentes Verhalten ist die Folge. Bei der Frage, um wen es sich bei dem anderen handelt, gibt es die Möglichkeit nicht nur den Menschen einzubeziehen, sondern alle Lebewesen vom Tier bis zur Pflanze. Auch die Erde bildet dabei einen Organismus.

Zu den sozialen Kompetenzen gehören im Umgang mit uns selbst beispielsweise:

- Selbstvertrauen und eigene Wertschätzung
- Urvertrauen und Verbundenheit zum Leben
- Selbstbeobachtung und Übernahme von Eigenverantwortung
- Eigene Wirksamkeit und Selbstdisziplin
- Persönliche Widerstandsfähigkeit und Fähigkeit des Abprallen-lassens

Im Umgang mit anderen geht es um:

- das Wahrnehmen, Achten und Akzeptieren der Andersartigkeit
- Einfühlungsvermögen
- Trennung von Wahrnehmung und Urteil, um nicht vorschnell in ein Vorurteil zu fallen.

- Sprachkompetenz und Abgleichen der eigenen Begriffsbildung
- Kritikfähigkeit und die Fähigkeit einen übergeordneten Blickwinkel einzunehmen
- Kompromissfähigkeit

In der Zusammenarbeit spielt Teamfähigkeit, Konfliktmanagement, Eigenmotivation und die Fähigkeit, in die Tat zu kommen eine große Rolle.

Hierbei steht der Grad der Verantwortungsübernahme im direkten Zusammenhang mit dem Erfolg.

Ein Beispiel zur Sprachbildung soll dies verdeutlichen:

Im Stall sagt ein 6-jähriger Junge angesichts von Milchkühen mit Hörnern: „Das sind alles Bullen!" Der Erfahrungsfeld-Begleiter darauf vor einer Kuh mit Kälbchen: „Und was ist das?" Der Junge überlegt kurz und antwortet: „Das ist der Mutterbulle."

Was ist passiert? Der Junge hat im Alter von 6 Jahren noch keinen Begriff von Sexualität und verbindet das Horn der Kuh mit enormer Kraft und Ausdrucksstärke. Beim Anblick des Kälbchens kommt das Muttersein mit ins Spiel und so verknüpft er beides zum „Mutterbullen". Es ist schön zu sehen, wie sich neue Worte innerhalb seiner bisher gelernten Begriffe phantasievoll bilden, entsprechend der Bewegung und des begleitenden Gefühls.

Die Sinne

Die 5 klassischen Sinne

In unseren Seminaren fragen wir oft: „Wie viele Sinne hat denn der Mensch?"

Die Antworten lauten meist „fünf Sinne".

Wir fragen weiter: „Welche sind es denn?"

1. Das Sehen – die Wahrnehmung mit den Augen
2. Das Hören – die Wahrnehmung mit den Ohren
3. Das Riechen – die Wahrnehmung über die Nase
4. Das Schmecken – über Zunge und Mund
5. Das Tasten – über Hände und Haut

Weiter in der Seminarrunde: „Also doch nur fünf?" -

„Nein, da gibt es doch noch den Gleichgewichtssinn und es gab früher eine Sendung, die „Der 7. Sinn" hieß. Ging es dabei nicht um Verkehrssituationen und eine Art Vorher-Seh-Sinn?" …

Und schon merken wir, dass jeder von uns bereits weitaus mehr Sinne entdeckt und auch Begriffe dafür gefunden hat.

Rudolf Steiner, Begründer der Waldorfpädagogik, hatte 12 Sinne beschrieben, Josef Beuys schon über 40 und Hugo Kükelhaus sagt: „… unter anderem." Er mochte die systemische Festlegung nicht. Ihm war der aktive Gebrauch wichtiger.

Eigentlich hat der Mensch so viele Sinne, wie er finden und Begriffe dafür wählen kann. Und wir haben ein ganzes Leben lang Zeit, sie zu entdecken.

Die 12 Sinne nach Rudolf Steiner

Warum benötigen wir ein breiteres Spektrum an Sinnen als die klassischen fünf?

Rudolf Steiner gilt als Begründer der Anthroposophie und u.a. der Waldorfpädagogik. Er wurde 1861 im damaligen Kaiserreich Österreich geboren und starb 1925 in der Schweiz. Er studierte an der Technischen Hochschule in Wien Naturwissenschaften und Mathematik. 1891 promovierte er an der Universität in Rostock zum Dr. phil.

Seine Studien basieren auf den naturwissenschaftlichen Schriften von Johann Wolfgang von Goethe. Das zentrale Werk seiner umfangreichen Hinterlassenschaft ist für mich die „Philosophie der Freiheit" in der es darum geht, dass der Mensch wirklich zur Freiheit fähig ist. Wenn er auch oft eingeschränkt sei, so könne er im Innersten auf eine freie Schöpferkraft in Verbindung mit dem göttlichen Ganzen zugreifen. Diese Kraft entwickle sich zum eigenen roten Faden des Lebens und bringe uns in ein erfülltes Dasein, weil wir damit unser Innerstes leben und uns darin mit dem Schöpferischen im Sinne der Menschheit verbinden.

- Aber wie finde ich diesen roten Faden des Lebens?
- Wie finde ich das, wozu ich schöpferisch fähig bin?
- Wie finde ich meinen Beitrag zum gemeinschaftlichen Menschsein?

Über die Sinne beginnen wir das Äußere und das Innere wahrzunehmen. Also auch das, was in uns als Talent und Fähigkeit verborgen liegt, für wahr zu nehmen und zu entfalten.

Manchmal sind es ganz kleine Beiträge zum Ganzen, manchmal ganz große.

Ein Beispiel ist die Lebensgeschichte von Clemens Kuby:

Wie ist es, wenn ich z.B. eine Krankheit habe und fest daran glaube, dass ich die Fähigkeit zur Selbstheilung habe? Auf einer Tagung durfte ich den Mitgründer der Partei Die Grünen von 1979 und Filmregisseur Clemens Kuby kennen lernen, der auf diesem Gebiet eine erstaunliche Lebensgeschichte vorweisen kann. Er stürzte aus 15 m Höhe und war querschnittsgelähmt. Innerhalb eines Jahres war er geheilt und gründete in Folge 2005 mit seiner Frau die Europäische Akademie für Selbstheilungsprozesse. Er hat sein Leben nach dem Unfall grundlegend verändert und begonnen, seine Erkenntnisse in Filmen, Büchern und Seminaren zu verwirklichen.

35

Heute gibt es einige Wissenschaftler, die über die Zell- und Mikrobiologie, wie Bruce Lipton oder der Forscher Bernd Rosslenbrioch von der Universität Witten/Herdecke aufzeigen, dass der Geist die Materie formt. Beide zeigen mit ihren Forschungen auf, dass der Mensch eben nicht das Produkt seiner Gene ist, sondern unser Geist im optimalsten Fall die Fähigkeit hat, frei zu steuern.

Zellbiologe Lipton hat festgestellt, dass unser Unterbewusstsein eine Speicherkapazität von 40.000 Bits je Sekunde hat und 90 % unseres Gehirns einnimmt. Unser denkendes Bewusstsein im präfrontalen Kortex kann dagegen nur 40 Bits je Sekunde speichern und nimmt etwa 10 % unseres Gehirns ein. Wollen wir unser Unterbewusstsein mit dem wachen Bewusstsein beeinflussen, so sei das ungefähr so, als schreien wir einen Kassettenrekorder an: Ändere Deine Aufnahme. Wir müssen wissen, wie wir den Aufnahmeknopf drücken!

Mein Fazit ist die Frage: Wie können wir unser Unterbewusstsein mehr in den Focus bekommen? Was nimmt es alles auf und wie prägt es sich? Wie kommen wir an das Potential unseres Unterbewusstseins heran, so dass wir seine Kraft bewusster nutzen können?

Über die Sinne können wir die bewusste Wahrnehmungsfähigkeit schulen. Die Aufteilung in die 12 Sinne bietet ein breiteres Spektrum über die Möglichkeiten als die Einteilung in die 5 klassischen Sinne.

Wir haben Rudolf Steiners Gliederung der 12 Sinne aufgegriffen und um unsere eigenen Erfahrungen und die von anderen Menschen und Autoren ergänzt. Zu unseren Quellen gehören Arzt und Sanatoriums-Leiter Hans Jürgen Scheurle, der niederländische Arzt Albert Soesman, Tischler, Pädagoge und Künstler Hugo Kükelhaus, der Begründer des Erfahrungsfelds zur Entfaltung der Sinne und Walter Siegfried Hahn, der weltweit Menschen in der Gründung von Erfahrungsfeldern unterstützt. Entstanden ist eine Experimentiergrundlage, die zum eigenen Prüfen, Spielen und Ergänzen dient. Denn es sind unsere eigenen Gefühlsempfindungen und Wahrnehmungen, die uns wieder zurück zur eigenen geistigen Quelle führen.

Das Symbol der Checkbox ☑ zeigt Anregungen zu Übungen, in denen die Sinne selbsttätig erkundet werden können.

Die unteren oder körperlich-leiblichen Sinne

Der Tastsinn

Beim Tasten geht es um die Wahrnehmung über die Haut oder auch durch die Mundhöhle. Die Haut ist die Membran, die das Innen vom Außen bei uns trennt. Das intensive Tasterlebnis löst die Sehnsucht nach der Verbundenheit mit dem Getasteten aus. Es ist wie Getrennt-Sein und Verbunden-Sein in einem. Abgrenzung und Verbundenheit werden gleichzeitig spürbar.

Wenn wir als Baby aus der warmen, engen Geborgenheit des Mutterleibes, die uns völlig umhüllt hat, raus in die weite und grenzenlose Welt kommen, ist dies zunächst wie ein Schock. Gerade bei Kaiserschnittkindern, wo dieser Übergang fehlt, werden die Kinder fest gewickelt, in eine feste Umhüllung gebracht.

Übrigens soll der Strampelanzug so lang sein, dass das Kind, wenn es die Beine ausstreckt, noch einen leichten Widerstand spüren kann. Auf diese Weise wird beim Strampeln der Tastsinn angeregt, da mit den Füssen eine Begrenzung zu spüren ist und der Tritt nicht in die Leere zielt. An dieser Begrenzung kann das Kind somit auch sich selbst spüren.

Beim Tasten spüren wir uns selbst und das Äußere. Dies hat Auswirkungen auf das Immunsystem, die Gesundheit und das Sozialverhalten. Das Selbst- und Weltvertrauen wird gestärkt, wenn wir es be-greifen und somit wird auch der Ich-Sinn gestärkt.

Interessant ist die Beobachtung, was eigentlich passiert, wenn Kinder oder Erwachsene „anecken".

37

☑ Mit den Händen oder Füssen tasten, sowie mit anderen Hautstellen, z.B. am Arm oder der Mundhöhle. Dazu eignen sich Heu, Stroh, Gras, Getreide, der Blindgang über verschiedene Böden, usw. Aber auch Gebrauchsgegenstände können bewusst angefasst und gefühlt werden, wie Türgriffe, Wände, Maschinen, Geländer. Oder auch der Stoff auf der Haut kann sehr unterschiedlich sein.

☑ Die Tasterlebnisse nach Polaritäten erfragen: Hart oder weich, leicht oder schwer, trocken oder feucht, glatt oder rauh...?

Auf einem Hof entdeckte ich mit einer Kindergruppe einen Topfuntersetzer mit Wasser, auf dem sich in der kalten Nacht eine dünne Eisschicht gebildet hatte. Die Kinder tasteten das Eis und bewegten es mit dem Finger. Als ich es herausholte, staunten die Kinder wie glatt und schön es in der Sonne glänzt. Sie fanden nichts, was glatter war. Ich hielt die Eisscheibe vor die einzelnen Gesichter und die Kinder probierten, die Nase daran zu drücken. Auf der anderen Seite wurden die entstehenden Bilder mit lautem Lachen begleitet. Die kalten Nasen und Finger wurden anschließend schnell wieder warm gerubbelt.

Diese Situation zeigt, dass wir nie nur einen Sinn beanspruchen. Später gehen wir noch auf das Verschmelzen unserer Sinne ein.

Der Tastsinn als plastischer Sinn enthält nach Scheurle die Polaritäten in der Berührung: Da ist etwas dort draußen. Dort ist die Welt – Welt-sein und das Erfahren der eigenen, inneren Kraft am Widerstand: Ich bin da – Selbst-sein.

Der Lebenssinn

Der Lebenssinn sagt etwas über unser Befinden und Behagen aus. Er zeigt das Spektrum zwischen dem Angenehmen, der Freude und Lust bis hin zum Unangenehmen, Schmerz, Leid und Unlust. Damit geht es einerseits um aufbauende Qualitäten oder andererseits um abbauende Bewegung.

Alle Tätigkeiten rund um die eigene Körperpflege oder Wellness-Aktivitäten helfen uns, uns selbst wieder zu spüren und Gefallen daran zu finden. Wenn wir beispielsweise nach dem Saunagang oder dem Besuch im Schwimmbad im Liegestuhl ausruhen, dann können die meisten das eigene Herz ruhig schlagen hören und fühlen. Dann wird das Pulsieren des Blutes in uns als Lebenskraft wieder besser spürbar. Oder machen Sie sich das eigene Körpergefühl nach einer Massage bewusst!

39

Im Alltag meldet sich der Lebenssinn auch oft, wenn etwas nicht stimmt. Unser Körper sagt über Schmerzen oder Krankheit: „Hey, schau doch mal, was du mit mir machst! Ich brauche eine Pause." Ich praktiziere schon seit ca. 30 Jahren Yoga und empfinde dies als feine, sanfte Kommunikation mit dem eigenen Körper. Treten Schmerzen auf, so atme ich tief in diese Stelle hinein und frage den Schmerz, was er mir zu sagen hat. Dies hat mich schon zu erstaunlichen Erkenntnissen geführt. Manchmal ist es sehr einfach durch kleine Verhaltensänderungen einen Schmerz zu lösen. Ein andermal kann dies aber ein langwieriger Prozess sein. Es hängt sehr stark vom eigenen Begreifen der Situation und den Lebensumständen ab.

Der Gegenpol ist das Sich-Wohlfühlen oder die plötzliche Lebensfreude, wenn zum Beispiel eine tolle, angenehme

Überraschung kommt. Neulich hat mein Mann mir eine Konzertkarte geschenkt und es ging auch in der Woche darauf gleich los. Es war eine Gruppe, die ich früher sehr oft gehört, aber dann vergessen hatte. Die Vorfreude hat mir eine Woche lang Leichtigkeit beschert.

Im Erfahrungsfeld berühren ganz viele Übungen unsere Befindlichkeit und Behagens-Qualität:

☑ Gehen Sie einmal alleine oder in einer Gruppe ganz langsam und bewusst, wie in Zeitlupe. Heben Sie den linken Fuß im langsamen Rhythmus: Heben – tragen – stellen, dann den rechten Fuß: Heben – tragen – stellen und machen Sie dies ca. 5 Minuten weiter über verschiedene Böden oder Hindernisse. Fragen Sie im Anschluss in die Gruppe: „Wie geht es?" Gehen bedeutet auch ein ständiges Sichern und Entsichern. Auch das Empfinden von Gefahr und der Gefahrensinn haben mit dem Lebenssinn zu tun.

☑ Öffnen Sie im Morgengrauen das Fenster und lauschen Sie mit geschlossenen Augen dem Vogelgesang. Wie schön kann das Lied der Amsel beschwingen?

☑ Schließen Sie im Sonnenschein die Augen und recken Ihr Gesicht in die Sonne. Spüren Sie dabei den Wind?

☑ Das Gefühl für Harmonie und Sinnerleben hängt ebenfalls mit dem Lebenssinn zusammen, sowie Hunger, Durst und das sinnliche Erleben eines guten Mahls.

☑ Wie schön kann eine Rucksackpause auf einer langen Wanderung sein?

☑ Auf dem Hof: Hindernisse überwinden, balancieren, klettern, eigene Widerstände und Ängste überwinden, wie große Tiere streicheln oder die Hand in ein Kälbermaul zu stecken.

☑ Die Gruppe bitten, sich einen Lieblingsplatz zu suchen, an dem sich der Einzelne wohl fühlt. Anschließend mit der Gruppe die einzelnen Plätze aufsuchen und sich in die gleiche Position des anderen stellen und schauen, was ihm dort so gefallen hat.

☑ Der eine stellt sich z.B. mit dem Rücken an einen Baum und dreht sich so, dass er dabei eine gute Aussicht hat. Der Nächste liebt es frei, zu stehen mit Rundumblick. Der Dritte hockt sich an einen Bachlauf und lauscht auf das Plätschern des Wassers usw.

Und wenn die Gruppe nach dem Bauernhof-Besuch hungrig und durstig ist, kann ein gemeinsames Picknick auf Decken im Gras ein wunderbar sinnliches Erlebnis sein.

Der Bewegungssinn

Hierbei geht es um die Bewegung unseres eigenen Leibes. Jede Bewegung hat eine Form und eine Geschwindigkeit. Die Polaritäten im Bewegungssinn liegen einerseits in der Form, der erstarrten Bewegung, in der Ruhe und im Raum und andererseits in der Geschwindigkeit, Dynamik und der Zeit. Paradox ist, dass ich Zeit gewinne, wenn ich langsamer gehe. Aber genau darin liegt das Geheimnis unserer Zeit. Der Eigenbewegungssinn hilft Ziele finden: Den Ball in den Basketballkorb werfen, ein Tor schießen, zu einem bestimmten Ort gehen. Er hilft Worte finden, denn das ausgesprochene Wort ist bereits die erste Bewegung in die Umsetzung. Der Bewegungssinn fördert unser Freiheitsempfinden. Er hilft uns, im Leben Ziele zu setzen und diese zu erreichen.

☑ Was passiert eigentlich, wenn Sie eine Tasse Kaffee mit geschlossenen Augen zum Mund führen? Was denken Sie dabei? Sind Sie schon mit dem Gedanken beim heißen Kaffee? Wie treffen Sie den Mund?

☑ Oder: Eine Strecke vorwärts gehend zurücklegen. Dann gehen Sie die gleiche Strecke rückwärts. Worin liegt der Unterschied? Beim Vorwärtsgehen ist der Gedanke oft schon am Ziel. Beim Rückwärtsgehen ist der Focus im Moment. Das periphere Sehen wird gefördert.

☑ Eine Strecke rennen und eine andere in Zeitlupe gehen.

☑ Mit dem Finger etwas in den Sand malen.

☑ Auf Heuballen klettern, einen Berg hoch laufen, eine Koppel umrunden usw. sind alles Übungen, die den Bewegungssinn anregen.

☑ An manchen Orten gibt es Wunschfelsen: Ich schreibe meinen Wunsch mit Wasser auf den Felsen. Damit habe ich die erste Energie in die Umsetzung gesteckt…

Der Gleichgewichtssinn

Der Gleichgewichtssinn beinhaltet einerseits die Aufrichtung, Stabilität, das gerade und aufrechte Sein, Gleichmäßigkeit und auf der anderen Seite die Neigung, den Fall, das schief, schräg oder krumm sein. Das äußere Gleichgewicht ist ein Spiegel zum seelischen und damit inneren Gleichgewicht. Am Beispiel der menschlichen Partnerschaft bedeutet Gleichgewicht auch ein sich Ergänzen. Das Modell der Balkenwaage ist ein schönes Beispiel für diese Wirkung.

Im Bezug zur Erde und zur Anziehungskraft haben wir in der Polarität die Leichte und den Zenit oder Scheitelpunkt, der in der

Mathematik den höchsten Punkt einer Bahn oder eines Weges beschreibt. Astronomisch ist er auch der senkrecht über dem Beobachter liegende Scheitelpunkt des Himmelsgewölbes. Und auf der anderen Seite die Schwere, die Erdanziehungskraft und der Erdmittelpunkt.

Dies zeigt die Verbindung des Gleichgewichtssinns zur Mathematik.

Beim Balancieren trainieren wir die linke und die rechte Gehirnhälfte. Die Verbindungen zwischen den beiden Hirnhälften werden aktiviert und diese Verbindungen sind für das logische und mathematische Denken förderlich. Sie verbinden das rationale Denken mit dem bildhaften Denken und dem Gefühl.

In unserem Sprachgebrauch finden sich Redewendungen, die auf diese Verbindung hinweisen: „Die Sache ist rund." Das Gleichgewicht steht in Verbindung mit dem Harmonieempfinden.

Kindern können Übungen für den Gleichgewichtssinn zum Beispiel über eine Mathematik-Schwäche helfen, weil beide Gehirnhälften dabei miteinander arbeiten:

- ☑ Über einen Baumstamm balancieren,
- ☑ über im Bach liegende Steine auf die andere Seite gehen,
- ☑ auf einem Bein stehen, auf einem Holzscheit oder Ast-Stück balancieren...
- ☑ Als Variante: Alleine auf einem Stein oder einem Holzscheit balancieren im Vergleich im Kreis, Hand in Hand oder Arm in Arm mit den Nachbarn.

Für Erwachsene

☑ Nehmen Sie sich Zeit und betrachten die Spannbreite zwischen dem Ruhen in sich selbst, im Kleinen und im Ruhen in einem Umfeld wie

- der Familie oder dem Beruf
- als Teil der Erde
- als Teil eines größeren Ganzen

- Empfinde ich jeweils Ausgeglichenheit oder Schwankungen?
- Welche Wirkung hat ein „Sturm" oder „Friede" im Äußern?
- Welche Wirkung hat der „Sturm" oder „Friede" im Inneren?
- Wie stehen beide Seiten in Beziehung?

☑ Beobachten Sie eine Woche Ihre Erfahrungen und notieren Sie diese, ohne darüber zu urteilen.

☑ Versuchen Sie täglich zu Balancieren und beobachten die Unterschiede. Versuchen Sie diese nicht bewusst zu verändern, sondern nehmen Sie diese ganz neutral für sich an.

Die mittleren oder atmosphärischen Sinne

Der Geruchssinn

Der Geruchssinn ist der erste Sinn, der sich beim Embryo ausbildet zusammen mit dem Stammhirn. Bei der Geburt ist er bereits vollständig ausgereift. Dieser Sinn hat dadurch die tiefste Wirkung. Erstaunlich ist, dass wir uns sehr schnell an Gerüche gewöhnen, schon innerhalb von 5 Minuten. In unseren Redewendungen zeigt sich einiges rund um unser Riechorgan, wie „hier herrscht dicke

Luft", „jemanden nicht riechen können", „die Sache stinkt" … Was hat das Riechen mit Moral, Sympathie und Antipathie zu tun?

Der Geruch macht uns ganz stark Lust auf etwas. Denken Sie nur an den Duft frischer Brötchen oder Waffeln, dazu ein frisch aufgebrühter Kaffee.

Verschiedene Düfte reaktivieren Erinnerungen und Gefühle: Es durftet wie bei „Muttern". Oder ein bestimmter Duft löst Urlaubs- oder Weihnachtserinnerungen aus.

Auf dem Bauernhof sagen viele Menschen, wenn Sie ankommen: „Hier stinkt es." Wir bitten dann darum, den Geruch einmal genau zu beschreiben: Würzig, mild, sauer, süß, usw. Die Nase zuhalten und wieder öffnen. Den Geruch zufächeln und bewusst hin zu schnuppern. Wieder wegdrehen und neu hingehen, um zu orten, wo der Duft genau beginnt. Erstaunlich ist, dass viele beim Erreichen des Misthaufens diesen gar nicht mehr mit dem Vorurteil „stinkend" belegen, sondern nach nur kurzem Training den Geruch beschreiben und genauer „hin riechen".

Oft fragen wir: „Nach welcher Farbe riecht es denn?" Im ersten Moment können viele damit nichts anfangen. Schränken wir ein durch: „Riecht es eher hell oder dunkel.", dann wird es plötzlich leichter, auch die Farbe zum Geruch zu finden. Dabei handelt es sich um ein Verschmelzen unserer Sinne, auf das ich später noch ausführlicher eingehe.

Im Schweinestall haben mache Besucher Probleme mit dem Geruch. Diese bitten wir, eine Hand voll Stroh oder Heu mitzunehmen und dieses unterwegs im Stall intensiv zu riechen.

Probieren Sie aus, ob Sie den Geruch übertönen können. Wir kennen alle die Orte, an denen wir gerne Duftstäbchen oder ähnliche Duftspender aufstellen.

Können Sie einen Geruch immer bestimmen? Das Beispiel des Sommeliers zeigt, dass dies trainiert werden kann. Die Anzahl der Regionen, die der Sommelier durch den Geruch bestimmen kann, steigt nach dem entsprechenden Training weit über 90 %, während zu Beginn die Trefferquote etwa bei der Hälfte liegt.

Die Polaritäten beim Geruch sind die Individualität, Charakter, nährend und auf der anderen Seite fade, auflösend, verduftend.

Welche Verbindung besteht zur Redewendung: „Ich verdufte mal."?

Der Geschmackssinn

Im Schmecken haben wir die Polaritäten süß, sauer, bitter und salzig. Schmeckt etwas bitter oder sauer, kann es giftig oder verdorben sein. Woher weiß eigentlich die Kuh oder das Pferd, welche Pflanzen sie stehen lassen müssen? Ein Waldpädagoge berichtete mir, dass er Pflanzen in ganz geringer Dosis probiert, um sie zu bestimmen, wenn sie ihm unbekannt sind.

Über den Geschmack lassen sich Qualitäten herausfinden. In unseren Redewendungen finden wir dies in Beispielen, wie „das ist Geschmackssache", „Du siehst nur, was dir schmeckt." Oder „Die Sache schmeckt mir nicht!" Der Geschmackssinn hat eine Verbindung zum Seh-Sinn. Der Fernsehkoch Tim Mälzer sagt in seinen Shows: „Das Auge isst mit." Wie schmeckt das tollste Essen, wenn Sie ein Haar in der Suppe finden?

Wie bewusst und aufmerksam essen wir eigentlich? Mit der Zeitung in der Hand oder beim Fernsehen?

☑ Nehmen Sie eine Rosine in die Hand. Wie schwer ist sie? Tasten Sie, ob glatt oder rau und riechen daran. Nehmen Sie die Rosine zwischen die Lippen und fühlen einmal den Unterschied in der Empfindlichkeit zur Hand. Nehmen Sie jetzt die Rosine in den Mund und bewegen sie über die Zunge. Von links nach rechts und vor sowie zurück. Jetzt erst beißen sie langsam zu und lassen den Saft über die Zunge laufen. Wie ist der Unterschied zum üblichen Essen von Studentenfutter nebenbei?

☑ Testen Sie beim Mittagessen, welchen Geschmack Sie wo auf der Zunge und im Mund- und Rachenraum am deutlichsten empfinden.

Durch Aromen und Geschmacksverstärker haben viele Geschmacksknospen, die in unserer Zunge in den Poren sitzen, an Feinfühligkeit verloren.

Der Geruchssinn spielt mit hinein, was sich ganz einfach durch das Zuhalten der Nase beim Essen testen lässt.

Welche Auswirkung hat Ihr Geschmack auf Ihr Urteil?

Der Sehsinn

Wie schauen Sie eigentlich? Beim Sehen haben wir die Polaritäten Licht und Finsternis. Um Farben sehen zu können, benötigen wir Licht. Rund um die Farben gibt es viele Experimente. Goethes Farbenlehre und die Werke von Hugo Kükelhaus beschreiben diese Versuche rund um Prismen und Lichtbrechung, Überlagerung von Farben, Komplementärfarben usw.

☑ Schauen Sie bitte aus dem Fenster und beschreiben, was Sie dort wahrnehmen. Wie genau war Ihre Beschreibung? Wie fein haben Sie Farben differenziert? Nur grün, hell- und dunkelgrün oder differenzierter als olivgrün, apfelgrün, zitronengrün usw. Haben Sie systematisch geschaut, wie Sie ein Buch lesen? Oder das Größte zuerst benannt und dann Details. Haben Sie nur die Mauer gesehen oder auch die Fugen, die Steine, das Dach, die Dachrinne…

Wenn Sie die Dinge, die Sie sehen, benennen, erfolgt ein Abgleich mit Ihrer Erinnerung.

☑ Schauen Sie mit einer Gruppe von Menschen auf einen Quadratmeter Wiese. Benennen Sie reihum, was Sie sehen. Wie viele Runden ohne Doppelnennung schaffen Sie? Auswertung: Was haben Sie dabei entdeckt, was Sie vorher nicht gesehen haben?

Wie funktioniert dabei Ihr eigener „Tastteppich" mit den Augen? Welchen Weg haben Ihren Augen genommen? Welche Punkt haben Sie länger angeschaut?

Meist schauen wir auf die Punkte, die weitere Informationen versprechen oder interessanter erscheinen, länger, wie z.B. auf Gesichter oder eine Blüte. Beim Sehen agiert dementsprechend unsere Urteilsbildung ständig mit.

☑ Beschreiben Sie nur Wahrnehmungen und lassen Sie Urteile außen vor, wie z.B. „ein schöner Baum" ersetzen durch „einen etwa drei Meter hohen Apfelbaum, der blüht. Die Blüten sind weiß und rosa…"

☑ Schauen Sie gemeinsam in eine Landschaft. Drehen Sie sich um und beschreiben, was Sie gesehen haben. Schauen Sie danach noch einmal hin. Wie hat sich Ihr Blickwinkel verändert?

☑ Sammeln Sie Blätter und sortieren sie diese. Welche Sortierungen nehmen Sie vor? Nach Farben, Größe oder Form, unsortiert, kreativ?

☑ Drehen Sie sich langsam um die eigene Achse und schauen, Sie, was Ihnen ins Auge fällt.

☑ Halten Sie vor eine weiße Wand ein blaues Blatt Papier und schauen eine Weile auf den Mittelpunkt des Blattes. Ziehen Sie nun das blaue Blatt weg und schauen unverändert auf die weiße Wand. Was sehen Sie?

☑ Schauen Sie in eine Lichtquelle wie eine Halogenlampe und schließen danach die Augen. Was sehen Sie? Wie verändert sich das Nachbild, wenn Sie zusätzlich die Hand vor die Augen halten? Wie verändert sich das Bild, wenn Sie auf eine weiße Wand sehen?

Der Wärmesinn

Die Polaritäten des Wärmesinns sind die Wärme und die Kälte. Über unsere Haut nehmen wir die Temperatur wahr.

☑ Halten Sie eine Hand in warmes und eine in kaltes Wasser. Dann beide in lauwarmes Wasser. Was passiert?

☑ Als Übung auf dem Hof können wir unterschiedliche Materialien tasten und schauen, welche am kältesten sind. Oder den Unterschied von schattigen oder zugigen Plätzen zu sonnigen Plätzen wahrnehmen.

In unseren Redewendungen finden wir Begriffe wie „sich für eine Sache erwärmen" oder „Feuer und Flamme" für etwas sein. Coenraad van Houten hat nach der Gründung des „Centre for

Social Development in England und seiner 18 jährigen Tätigkeit am NPI (Niederländisches Pädagogisches Institut für Organisationsentwicklung in Zeist) sich des Themas der Erwachsenenbildung besonders angenommen. In einem seiner Bücher „Erwachsenenbildung als Willenserweckung" hat er auf sieben Lebensprozesse hingewiesen, die sich in sieben äquivalenten Lernschritten wiederfinden. Hier wird dem „Erwärmen" die Bedeutung der inneren Antriebshilfe über die Identifizierung mit der Idee beigemessen, um in der Entwicklung der eigenen Talente in die Tat zu kommen:

1. Atmen – aufnehmen – wahrnehmen
2. Erwärmen – sich erwärmen – sich verbinden
3. Nähren - verdauen – verarbeiten
4. Absondern – individualisieren
5. Erhalten – üben
6. Wachsen – wachsende Fähigkeiten
7. Reproduzieren – Neues Schaffen

Das Erwärmen für etwas und die Begeisterung bringt die Energie, Hindernisse und Schwellen zu überwinden. Sie wird dadurch zum Motor für den neuen Handlungsimpuls, der wieder in Verbindung mit dem Bewegungssinn steht.

Die höheren oder sozialen Sinne

Das Hören

Beim Hören geht es um das Empfangen der Schwingung durch den Schall in Luft oder Wasser. Beim Hören brauchen wir außer den Ohren auch die Sinnesorgane, die für Schwingungen und

Vibrationen empfänglich sind. Wir hören räumlich, d.h. wir können den Schallgeber in der Regel orten. Wo das Sehen endet, beginnt das Hören. Beim Sehen ist außen die Grenze, das Hören aber gelangt bis ins Innere. Wenn wir eine geschlossene Tonne sehen, können wir nicht sagen, ob sie voll oder leer ist. Klopfen wir die Tonne ab, können wir es hören. Beim Hören kommen wir in die Tiefe, was bei Gruppen den Gemeinschaftssinn und die Zusammenarbeit anregt. Beim Hören kommen die Teilnehmer einer Hofführung zur Ruhe. Wenn Sie eine laute Kindergruppe zur Ruhe bringen möchten, dann probieren Sie einmal, in die Hocke zu gehen und zu flüstern.

☑ Schließen Sie die Augen und üben sich im Hinhören. Jeder benennt, was er hört. Oder wir lauschen stumm und schauen uns danach um, wo wir was gehört haben. Eine andere Variante ist die 360 Grad Übung: Drehen Sie sich beim Hören langsam um die eigene Achse.

☑ Wie hören wir eigentlich uns selbst? In welcher Tonlage empfinden wir uns selbst beim Reden am angenehmsten, in welcher mit der stärksten Schwingung?

Im Tonempfinden gibt es die Polaritäten der Harmonie und Konsonanz (zusammenklingen) und auf der anderen Seite die Disharmonie und Dissonanz (unterschiedlich, auseinanderklingen). Ansonsten gibt es laut und leise, hoch und tief, schrill und dumpf usw.

Außerdem beeinflusst das Hören schnell unsere Stimmung und Schwingung. Wenn wir ein tolles Lied hören, hüpft das Herz. Rhythmus ersetzt Kraft. Früher haben die Leute bei der Feldarbeit oft gesungen.

In unserem Sprachgebrauch zeigt sich das Soziale am Hören: „Du hast aber heute einen Ton drauf." Oder: „ Den richtigen Ton treffen."

Sprach- und Wortsinn

Töne und Worte bilden eine Tongestalt. Bei der Wahrnehmung von Tönen und Worten gibt es einen Unterschied, ob sie aus dem Lautsprecher oder vom Menschen direkt kommen. Kinder spüren diese Wirkung und lieben es, von Menschen vorgelesen oder vorgesungen zu bekommen. Die Intention und Lebendigkeit kann kein CD-Player oder Fernseher erreichen. Unsere Worte bestehen aus Vokalen und Konsonanten. Wir haben bei einer Führung in einem leeren Silo gemeinsam mit den Kindern getönt. Zuerst haben wir Vokale gesungen und gerufen. Mit der Zeit haben sich harmonische Tonlagen dabei eingependelt. Im Kontrast haben wir Konsonanten ausprobiert: Ein zischendes „Ssssss" im Vergleich zu dem weicheren „Schschsch", ein hartes „Te" u.ä.

Bevor wir das Wort bilden, entstehen im Ausdruck oft Gesten, die mit der Form des Wortes in Verbindung stehen.

☑ Machen Sie mit den Händen die Geste eines Blitzes und sprechen das Wort dann aus. Wie bewegt sich beim Propeller die Hand und was passiert bei der Aussprache?

Die Erfahrungsfeld-Führungen regen die Sprachbildung und die eigene Kombinationsfähigkeit an, wie die vorhin aufgeführte Geschichte mit dem „Mutterbullen" zeigt. Der Junge hat eigenständig innerhalb seiner bisher gebildeten Begriffe kombiniert. Dies ist eine sehr gute Übung für die Ausdrucksfähigkeit im Bereich der Kommunikations- und

Sprachförderung. In jeder neuen Generation bilden sich auf ähnliche Weise viele neue Begriffe.

In der Begriffsbildung entstehen bei uns Menschen auch viele Missverständnisse. Was bedeutet Höflichkeit für Sie, was für Ihren Nachbarn? Oder: „Wir wollen uns früh genug vor der Veranstaltung treffen." Für den Einen bedeutet früh eine Stunde vorher und für den anderen 15 Minuten vorher. Daher ist es im Gruppenverbund oft sehr wichtig zu klären, was der Einzelne unter dem entsprechenden Begriff versteht. Über das Wort kommt das in uns gebildete Urteil nach außen in die Welt. Hier wird die Einordnung in die sozialen Sinne besonders deutlich.

Der Gedankensinn

Der Unterschied zwischen Wort und Gedanke besteht darin, dass ersteres ein ausgesprochener oder geschriebener Gedanke ist. Der Gedanke entsteht im Gehirn und ist für das Ohr stumm und für das Auge nicht zu sehen. Trotzdem können wir hinter dem Wort meist den Gedanken wahrnehmen. Wie ist es, wenn Sie hinter dem Wort den Gedanken erkennen? Kann ein „Aha-Effekt" oder Erkenntnis entstehen, die uns plötzlich tiefer betrifft, die etwas in uns auslöst?

Wenn uns jemand ein persönliches Schicksal erzählt, reagieren wir ggf. mit Betroffenheit. Was ist in diesem Fall über die Worte hinaus entstanden? Dann kommt zu den Gedanken das Einfühlen, die Empathie, das Mitgefühl dazu.

Der Gedanke ist vor dem Wort und bereits eine Energie, die nach außen ausstrahlt und eine gewisse Anziehungskraft entwickeln kann. Der bekannte Hotelier Klaus Kobjoll aus Nürnberg sagte einmal zu mir: „Jeder hat die Mitarbeiter, die er verdient." Was meinte er damit? Wenn ich schlecht von meinen Kollegen denke, so nehme ich vorwiegend das Schlechte wahr. Außerdem können die anderen spüren, wenn ich ihnen gegenüber eine negative Grundhaltung habe und ebenfalls negativer bin. So zieht das Eine das Andere an. Der Gedanke ist die erste Energie für einen späteren Handlungsimpuls.

Der Gedanke kann allgemein oder besonders sein und mündet in unser persönliches Wahrheitsempfinden. Achtung: Der Gedankensinn kann die vorhergehende Sinneswahrnehmung auslöschen. Der Gedankensinn arbeitet mit dem Lebenssinn, indem er nicht mit ihm arbeitet. Denn der Lebenssinn hilft uns, für uns zu sorgen. Leider untergraben unsere Gedanken sehr oft unser Wohlbefinden, indem sie zu bohrenden Gedanken werden, die sich aus Ängsten und Katastrophendenken speisen.

Die Denkempfindung ist unterschiedlich. Sie reicht vom bildhaften Denken bis zum völlig rationalen Denken. Unsere Seminarteilnehmer berichten von sehr unterschiedlichem Erleben Ihres Denkens und der Arbeit damit. Unsere Landkarte für Erfahrungslernen 8x8 ist ein Versuch, Licht in unser Denken und Fühlen zu bringen.

☑ Haben Sie schon mal jemanden nicht riechen können? Gehen Sie folgende Fragen in Ihrer Empfindung mit und vergleichen Sie diese mit ihrem Sprachgebrauch:

- Gedanken schmecken
- Gedanken riechen
- Gedanken fühlen
- Gedanken formen
- Gedanken aussprechen
- Gedanken auf die Fahne schreiben

Clemens Kuby berichtet in seinem Buch Mental Healing von einem interessanten, aber leider etwas bösen Versuch:

Man hat die Frequenz eines Gummibaums mit einem einfachen Potentiometer gemessen, während ein Mitarbeiter die Pflanze mit einer Zigarette am Blatt verbrannte. Der Ausschlag war hoch und wirkte wie ein Schrei. Nach täglicher Wiederholung reagierte die Pflanze bereits, als der Mitarbeiter mit der Intention den Raum betrat, Tage später schon, als er auf den Parkplatz fuhr, der außer Sichtweite lag. Existieren für Gedanken Zeit und Raum? Wie sind sie für die Pflanze spürbar?

Vielleicht kennen Sie diese Situation? Sie kommen nach Hause und es herrscht „dicke Luft"? Mit welchem Organ können Sie die Gedanken Ihrer Familie wahrnehmen?

Der Ichsinn

Mit dem Ichsinn nehmen wir das Ich eines anderen Menschen wahr. Er ist dementsprechend immer aktiv, wenn wir anderen Menschen begegnen. Wenn wir ein Buch lesen, nehmen wir den Autor wahr. Bei der Arbeit lerne ich sehr schnell kennen, was den

Menschen treibt. Ich habe einem Landwirt morgens im Stall beim Füttern geholfen. Dabei lernte ich in nur 2-3 Stunden ganz viel über das Ich dahinter. Wegweiser ist seine Ausstrahlung in Verbindung mit den Tieren, seine Arbeitsweise, sein Arbeitstempo, sein Gesichtsausdruck, die Art seiner Bewegungen, der Gang usw. Dies alles ist der körperliche Ausdruck des Ichs dahinter.

Mal ist das Ich groß, übergreifend und deutlich spürbar, ein andermal klein, versteckt und nur ganz fein erkennbar.

Wie stark bin ich bei mir und gleichzeitig mit dem anderen? Ruhe ich in mir und bin klar, sowie präsent, umso besser kann ich den anderen wahrnehmen.

Geistige Klarheit ist für das Umfeld deutlich spürbar. Wie stellen Sie sich z. B. einen Bergführer vor, dem Sie gerne folgen und sofort vertrauen? Was muss dieser ausstrahlen? Und wie schnell können Sie dies Ihrer Meinung nach wahrnehmen?

Die Polaritäten sind Vertrauen, Einheit, Licht und Fremdsein, Zerrissenheit, Schatten. Es ist spürbar, ob jemand mit sich im Reinen ist oder sich mit Schuldgefühlen trägt. Das Ich ist Teil eines Ganzen und trägt die Sehnsucht nach Einheit in sich. Rudolf Steiner hat in seiner „Philosophie der Freiheit" über die Entwicklung des eigenen roten Fadens des Lebens geschrieben. Er beschreibt das Ich als Triebfeder des eigenen Willens in Verbindung mit einem großen Ganzen. Somit bekommt die Idee im Kontext mit dem Ganzen einen verstärkten Handlungsimpuls.

Bewegen wir uns weg von unserer eigenen Identität, laufen wir schneller in Krisen, Burnout und Stressdepression. In

Pflegeberufen treten diese Krisen besonders stark auf, weil vom Idealismus und Sozialen geprägte Menschen in der Realität mit ihrem Denken auflaufen. In der materialistischen Enge können sie das, weshalb sie den Beruf ergriffen haben, oft nicht mehr verwirklichen. In der Begegnung ist diese Zerrissenheit ebenfalls spürbar. Eine gestresste Krankenschwester berichtet, was sie in nur einer Stunde alleine auf der Station zu bewältigen hat.

☑ Sich zu zweit gegenüber stellen, die Hände an einander legen und sich gemeinsam ein paar Schritte nach vorne, hinten oder zur Seite bewegen. Wer führt? Wie geht der andere mit? Dann die Paare immer wieder wechseln und neu experimentieren. Was wird im Vergleich wahrnehmbar? Welche Erkenntnisse entstehen daraus?

☑ Jeder sucht sich auf dem Hof einen Platz, der ihm persönlich behagt. Anschließend gehen wir mit der Gruppe einige Plätze ab und stellen, setzen uns genau in die Position, die derjenige vorher eingenommen hatte. Wir schauen, was ihm dort so behagt und warum.

Und darüber hinaus?

Wenn wir Sinne so definieren, dass sie der Wahrnehmung unserer Umgebung dienen und verschiedene Qualitäten der Wahrnehmung ermöglichen, dann können auch noch mehr Sinne gefunden werden. Die Entdeckung der Sinne darüber hinaus ermöglicht weitere Übungsentwicklungen.

In den Seminaren bitten wir die Teilnehmer, ihre Fantasie spielen zu lassen und auf dem Bauernhof sinnlich zu experimentieren, um weitere Sinne zu entdecken. Auf diese Weise entwickeln sich ständig neue Übungen, die in Beziehung zum eigenen Erfahrungsbereich der Teilnehmer stehen. Hier einige Beispiele:

Der Distanzsinn

mit den Polaritäten Nähe und Weite.

- ☑ Die Augen schließen, Hände aneinander reiben bis es kribbelt, Hände mit den Handinnenflächen nach innen nebeneinander halten, so dass sie sich nicht berühren und langsam auseinander und wieder zusammen führen. Sie sollen sich dabei nicht berühren.
- ☑ In die Weite schauen und ganz nah. Wer nimmt was wahr?
- ☑ Die Schrittanzahl einer bestimmten Entfernung schätzen, die wir oft laufen und nachmessen.

Der Stimmungssinn

mit den Polaritäten Leichtsinn und Schwersinn.

- ☑ Freudig laufend hüpfend bewegen. Im Vergleich schleppend und schwer gehen.
- ☑ Eine Feder im Vergleich zu einem Stein untersuchen.

Der Ordnungssinn

mit den Polaritäten Ordnung und Chaos.

- ☑ Auf dem Hof Gegenstände in Räumen ansehen und verschiedene Ordnungssysteme ausprobieren, sowie Chaoszustände. Wie unterschiedlich sind die Vorstellungen von aufgeräumt?

Gerechtigkeitssinn

mit den Polaritäten Gerechtigkeit und Unrecht.

- ☑ Untereinander etwas verteilen und einen übersehen. Wer sagt etwas und setzt sich dafür ein, dass der Vergessene auch etwas bekommt? Welches Gefühl hat wer in der Gruppe dabei?

Beziehungssinn

mit den Polaritäten gemeinsam und alleine.

- ☑ Alleine in den dunklen Keller gehen oder gemeinsam.
- ☑ Balancierübungen alleine oder mit Hilfe eines Partners, der stützt und hält – mit offenen oder geschlossenen Augen probieren. Welche Auswirkung haben Stimmungen, Ängste oder der Grad der Selbstsicherheit dabei?

Vertrauenssinn

mit den Polaritäten Vertrauen, Geborgenheit, Loslassen und Misstrauen, Fremdsein, Festhalten.

- ☑ Die Gruppe stellt sich Arm in Arm in einen kleinen Kreis. Eine Person geht in die Mitte, schließt die Augen und lässt sich Richtung Kreis fallen. Die Personen des Kreises fangen ihn auf und wiegen ihn langsam vor, zurück und seitlich. Achtung: Wenn der Teilnehmer in der Mitte richtig vertraut und loslässt, dann wird er sehr schwer. Die Teilnehmer des Kreises müssen aufpassen, dass sie gut den anderen halten.

59

Helligkeitssinn

mit den Polaritäten Licht und Finsternis. Finden Sie doch mal hierzu eine Übung!

... und noch viele mehr!

Überlegen Sie mal selbst, welche Übungen für Sie hier unterstützend wirken. Einfacher ist es, wenn man zunächst einen entsprechenden Gegenbegriff findet. Dann beginnen wir mit den Polen zu spielen.

- Feuchtigkeitssinn.
- Aufmerksamkeitssinn
- Grenzsinn
- Landschaftssinn
- Vorhersehsinn
- …

Die Verschmelzung der Sinne

Am Beispiel des Hörens zeigt sich sehr leicht das Verschmelzen der Sinne. Herbert Grönemeyer hat gesungen: „…Sie mag Musik nur, wenn sie laut ist. Denn dann vergisst sie, dass sie taub ist….wenn sie ihr in den Magen fährt…"

Bei einem guten Konzert sind nicht nur unsere Ohren im Einsatz. Der Schall massiert unsere Haut und die darunter liegenden Organe und Zellen. Jede einzelne Zelle nimmt wahr und das Hören wird zum Gesamtbild dessen.

Der amerikanische Philosoph, Ökologe und Anthropologe David Abram spricht in seinem Buch „Im Bann der sinnlichen Natur" von der Synästhesie, also der Fusion, Verschmelzung und Überlappung der Sinne. Dies ist in der Neurologie ein seltenes Phänomen. Manche Menschen können Töne sehen. Sie nehmen sie als Form, Bewegung oder Farbe wahr.

Zu meinen Hobbys gehört das Malen und Improvisieren mit Aquarellfarben. Vor meinem geistigen Auge sehe ich beim aktiven Hören von Musik Formen und Bewegung. Diese für mich auch körperlich klar wahrnehmbare Bewegung drücke ich dann mit Farben in Bildern aus. Bei der „Nass in Nass"- Technik bekommen sie beim Kontakt Farbe-Wasser ganz eigenwillige Strukturen, die ich wiederum im Rhythmus der Musik weiter ausführe. Halte ich nach einiger Zeit inne, bin ich selbst überrascht, was „Eigenwilliges" aus der Musik entstanden ist.

In den Erfahrungsfeld-Führungen fragen wir oft: „Welche Farbe hat der Geruch?" Es gelingt einigen, wenn sie die Augen schließen und sich konzentrieren, eine Farbe vor dem geistigen Auge entstehen zu lassen.

Die Überlappung taucht auch in unseren Redewendungen auf:

- harte oder weiche Klänge,
- kühle oder warme Farben,
- schrille Kleidung....

Was bringt es uns, wenn wir bewusster wahrnehmen, Verschmelzungen registrieren?

Die Wahrnehmung umfasst die konzentrierte Aktivität aller Körpersinne, wie Tasten, Hören, Sehen, Riechen usw. Je wacher und bewusster wir diese Wahrnehmungen registrieren, umso mehr gelingt es uns, sie aus der Grauzone des Unterbewusstseins zu holen. Dieses Unterbewusstsein hat laut Zell-Biologe Bruce Lipton, wie bereits erwähnt, eine Speicherkapazität von 40.000 Bites je Sekunde und nimmt 90 % unseres Gehirns ein. Unser denkendes Bewusstsein, kann dagegen nur 40 Bites je Sekunde speichern und nimmt 10 % des Gehirns ein.

Bewusstsein und Unterbewusstsein arbeiten zusammen. Sind wir präsent in der Gegenwart, also wach im „Hier und Jetzt", dann können wir beobachten, wie das Unterbewusste die Regie übernimmt. Und dort ticken viele Programme, die sich im Laufe unseres Lebens über unsere Erfahrungen geprägt haben.

Oft sagen wir „das habe ich aus dem Bauch heraus entschieden". Dies ist ein Beispiel, wie sich die Summe der Informationen aus unserem Unterbewusstsein bemerkbar machen. Alles, was wir über die Sinne aufgenommen haben, wird dort wie auf einer Festplatte gespeichert. Treffen wir eine „falsche" Entscheidung, kann es passieren, dass wir sagen: „Ich hatte mich dafür entschieden, hatte dann aber so ein komisches Gefühl im Bauch. Da habe ich es lieber gelassen und dies hat sich als gute Intuition heraus gestellt." – Wir hatten eben etwas übersehen, das aber in unserem Unterbewusstsein gespeichert war.

Über Meditationsübungen können wir die Wahrnehmungsfähigkeit für das, was das Unterbewusstsein als Gedankenblitz hochtransportiert, verstärken. Je geübter wir sind, desto deutlicher werden diese Gedanken hörbar oder desto besser können beispielsweise auch Träume behalten werden. Vergleicht man die Gehirnaktivität von einem meditierenden Menschen mit anderen, so ist diese deutlich höher und es werden alle Bereiche aktiviert.

Lipton beweist über die Zellbiologie, dass unsere Wahrnehmungen die Aktivität unserer Gene steuern. Er sagt: „Das, was Ihr glaubt, steuert Euer Leben." Er zeigt in seinen Vorträgen auf, wie die Gene sich auf Grund dieser Glaubenssätze aktivieren. Es heißt ja schon lange: „Der Glaube versetzt Berge." Heute haben wir den Beweis – es ist so! Was kann sich verändern, wenn wir Menschen lernen, unsere Wahrnehmungen bewusster zu machen und lernen, auf diese neutral ohne Vorurteil zugreifen zu können?

Die Wechselbeziehungen der Sinne

Die Wechselbeziehungen unserer Sinne bilden eine „Matrix verflochtener Sinneseindrücke und Wahrnehmungen, ein kollektives Wahrnehmungsfeld", so David Abram. „Es bezieht die Sinneseindrücke und Gefühle anderer leiblicher Wesen mit ein."

Ein Beispiel aus einer Hofführung: Im Laufstall sind Kühe als Gruppe zu sehen. In einer Ecke ist eine Box abgetrennt und darin liegt eine Kuh und sieht krank aus. Ein Junge fragt den Landwirt: „Was hat denn die Kuh? Warum ist sie denn alleine und sieht so traurig aus?" Der Landwirt zeigt dem Jungen eine Verletzung und fragt: „Was glaubst Du, was für die Kuh besser ist? Soll sie lieber zu den anderen oder hier drin bleiben?" Der Junge überlegt und beobachtet dabei zwei Jungbullen, die rangeln. Dann sagt er: „Ein bisschen traurig ist sie schon, aber dort hat sie mehr Ruhe. Es tut ihr bestimmt weh." Sofort stimmen die anderen Kinder zu, fühlen mit der Kuh und bedauern sie. Oder der Lehrer, der in die Klasse kommt und spürt, dass etwas nicht in Ordnung ist, bevor die Schüler es aussprechen. Woran hat er es eigentlich erkannt? Die Gestik und Mimik, der Gedanke, der noch in der Luft hängt? Welche Kombination der Sinne und Organe hat er dabei gebraucht?

63

Benötigen wir für diesen Sinn einen neuen Begriff? Eine Studentin nannte ihn Aura-Sinn, ein Lehrer Stimmungs-Sinn, in Naturvölkern könnte es der Schamanen-Sinn sein oder bei Heilpraktikern der Heilungs-Sinn. Ich nenne ihn unseren Intentionssinn, denn er drückt die geistige Haltung aus, die wir haben. Diese ist für andere Wesen spürbar und wurde bereits als morphogenetisches Feld bezeichnet. Damit bezeichnen wir ein Feld, das als formbildende Ursache für die Entwicklung von Physik, Biologie und Chemie sowie für soziale Beziehungen und Entwicklung in unserer Gesellschaft steht. Umgangssprachlich spricht man oft von der „selbsterfüllenden Prophezeiung".

Die Erde ist unser Beziehungspunkt. Auf ihr leben wir. Es gibt Menschen, die sie erhalten wollen und Menschen, die nicht darauf achten, was sie schädigen könnten.

Dem einen ist die Art der Tierhaltung und Ausgleich der Naturkreisläufe wichtig, dem anderen mehr der Preis.

Wie können wir in unserer Individualität im Einverständnis und Konsens mit der Vielzahl von Menschen, Tieren, Pflanzen und unserer Erde leben? Wie ist der Grad der Aufmerksamkeit und Achtung für andere Organismen?

Sind wir miteinander verbunden oder gar verwurzelt? Wie können wir Einfühlungsvermögen für alles Lebende und andere Organismen inklusive unserer Erde entwickeln? Wie können die verschiedenen individuellen Schwingungen miteinander in Konsens kommen?

Was passiert konkret, wenn wir ein Lebewesen bewusst wahr-nehmen? Bei meiner Stute Sina fiel mir kurz nach dem Kauf auf, dass sie sich von manchen Menschen nicht anfassen lässt. Darauf habe ich mich gefragt, was sie für einen Unterschied macht. Was strahlen die Menschen aus, die sie meidet? Es ist eine Frage des Auftretens und der Präsenz. Erstaunlich ist, dass sie innerhalb weniger Sekunden erkennt, wen sie vor sich hat. Menschen, die mit sich im Klaren und selbstbewusst sind, erkennt sie als Führungsperson an. Woran macht sie es fest? Sie geht als Wahrnehmende einen Dialog mit der Person ein. Dieser ist eine Art Abgleich der Schwingungen und wird durch die Körpersprache ausgedrückt. Dies reicht vom unbewussten Ablauf bis zum offenen Austesten. Dann legt sie die Ohren an und schnappt sogar zu. Weicht die Person zurück, fühlt sie sich als Stärkere.

Gestik und Sprachbildung

In Verbindung mit dem Wort- und Sprachsinn haben wir bereits auf die Verbindung zwischen Form, Gestik, Bewegung und der Bildung des Wortes hingewiesen.

Schaue ich in die Gesichter älterer Menschen, so zeigen sich an den kleinen Fältchen oft deutliche Spuren ihres Lebens und Ihrer Grundhaltung.

☑ Forschen Sie bei sich selbst. Was passiert mit Ihrem Gesicht, Mund, Hals, Händen, wenn Sie in einem Gespräch gerne etwas sagen möchten, aber der andere lässt sie nicht zu Wort kommen? Bitte schließen Sie kurz die Augen, denken an ein Wort, lassen es aber kurz vor der Aussprache im Hals stecken.

Welche Bewegung können Sie in sich und um Ihren Mund wahrnehmen?

Der Impuls kommt bei mir persönlich meist aus dem Bauch hoch, im Kopf formen sich blitzschnell die Gedanken dazu und es will raus, kann aber nicht. Die Folge ist, dass ich die Lippen leicht zusammen presse und ruhig bin. Versuche ich, die Idee zu halten, liegt meine Aufmerksamkeit nicht mehr zu 100 % beim Partner.

Bei wichtigen Gesprächen mache ich meist ein Stichwort, um wieder ganz zum Zuhören zu kommen. So kann ich den Gedanken später wieder aufgreifen und er geht nicht verloren. Manchmal ist der Impuls so stark, dass ich ihn nicht halten möchte und einen Einwurf dazwischen mache.

Menschen, die diesen Redeimpuls oft „runter geschluckt" haben, können senkrechte Fältchen über der Oberlippe vom Zusammenpressen der Lippen formen oder bekommen auf die Dauer schmale Lippen.

Die Verspannung im Nacken tritt oft bei Ängsten auf: Die berühmte „Angst im Nacken". Oder das „Grummeln" im Bauch führt zu Darmproblemen. Meist suchen sich diese Stauungen die Schwachstellen in unserem Körper, die bei uns allen sehr verschieden sind.

Können Sie Dinge nicht aussprechen, so ist es hilfreich, sie einfach rauszuschreiben und für sich in Gedanken einen positiven Film davon zu drehen, wie wir uns das wünschen. Sollten Sie ihn aufschreiben wollen, dann bleiben Sie dabei unbedingt in der Gegenwart und direkten Rede. Denn so wurde das, was sich in

Ihnen gebildet hat, doch noch nach außen getragen. Verzeihen Sie sich und dem anderen, dass es eben nicht so gelaufen ist.

Hieran sehen sie, wie gesundheitsfördernd es ist, das, was uns bewegt, in die Sprache zu bringen. Was wirklich aus uns kommt und nach draußen möchte hat eine starke bildende Kraft.

Betrachten wir das eben gebrauchte Wort „Einwurf". Wenn ich dieses Wort ohne Kontext höre, dann denke ich an einen Fußballspieler, der einen Ball, der im Aus war, wieder auf das Spiel-Feld einwirft. Vergleichen Sie bitte diese Bewegung, mit der aus der oben geschilderten Situation, wenn ich z.B. eine Idee einwerfe.

Pädagogik

Altersstufen und ihre Besonderheiten

Unsere Lebenszeit birgt gewisse Entwicklungsstufen, die wir als Menschen alle durchmachen. Später im Alter hoffen wir auf die sogenannte Altersweisheit, die aber keinesfalls spontan kommt, sondern die wir uns über die Jahre selbst erarbeitet haben.

In den ersten drei Lebensjahren ist möglichst viel Körperkontakt zu den Eltern wichtig. Erfährt das Kind in dieser Zeit Stabilität und Rhythmus, bildet sich Vertrauen und die spätere Widerstandsfähigkeit aus.

Bis 7 Jahre

In dieser Zeit bildet sich das „Wollen" aus. Die Kinder saugen alles auf, ähnlich wie ein trockener Schwamm das Wasser. Fragen werden oft wiederholt. Dieses Wiederholen ist eine Art Rhythmus, bietet eine Form von Sicherheit, die das Vertrauen in die Umgebung fördert.

Monika Kiel-Hinrichsen greift in ihrem Buch: Warum Kinder nicht zuhören, wunderbar diese Altersstufen auf:

Von den Eltern lernen sie einschränkende und fürsorgliche Verhaltensweisen und ahmen diese nach, indem sie beispielsweise die Puppe oder ein Tier versorgen. Die Spannbreite reicht vom liebevollen Umsorgen bis zur mahnenden Zurechtweisung.

In dieser Altersstufe lernen sie vorwiegend durch Nachahmung. Es ist besser, das Händewaschen zu zeigen und vorzumachen, als es zu erklären. Lieber in Bildern sprechen, als hochtrabende Erklärungen.

Die Mischung zwischen Vorbild und freiem Spielraum weckt die Spielfreude, Fröhlichkeit und Kreativität. Dies sind Grundsteine für spätere Phantasie und Problemlösungsfähigkeit. Lernen durch Versuch – Gelingen und Versuch-Irrtum bilden die ersten Erfahrungen.

Hierdurch wird auch das Sozialverhalten geprägt. Die ersten Regeln werden gelernt und auf ihre Festigkeit getestet. Dabei entdeckt das Kind den anderen Menschen und baut Beziehungen auf. Es beginnt über andere Menschen nachzudenken und lernt, welche Erwartungen diese von ihm haben.

Kinder sind in diesem Alter schon fähig, viel Wissen aufzunehmen. Fordern wir aber zu viel und versuchen sie mit Wissen voll zu stopfen, bleibt weniger Energie für die Ausbildung der sozialen Basisfähigkeiten. Dies ist später nicht mehr aufzuholen.

In den Führungen geben wir den Kindern viel Zeit und Ruhe, selbst zu erforschen und zu entdecken. Die Verweildauer an einer Station kann schnell zu einer halben Stunde werden. Weniger ist hier mehr. Besser wenige Stationen ausführlich, als viele oberflächlich. Die durchschnittliche Verweildauer in Wissenschaftsmuseen an den einzelnen Stationen beträgt übrigens weniger als eine halbe Minute!

Ein zweijähriger Junge versuchte, selbständig in einen hohen, großen Traktorreifen zu klettern. Die Mutter wollte ihm helfen und ich bat sie, abzuwarten. Nach etwa 5 Minuten hatte er es endlich geschafft und strahlte über das ganze Gesicht. Die Mutter sagte lächelnd zu mir: „Jetzt begreife ich, warum."

Von 7 bis 14 Jahren
Das Kind beginnt sich vom Elternhaus zu lösen und schließt sich mit Gleichaltrigen und Freunden zusammen. Es vergleicht die bisher in der Familie gebildeten Regeln und Werte mit denen der Freunde. Diese Regeln und Verbote werden immer stärker in Frage gestellt und eigene Verhaltensnormen entwickelt. Dadurch werden Grenzen überschritten und Streiche gespielt. Es entwickelt Trotz. Lob und Bestätigung, baut in dieser Zeit Selbstbewusstsein auf und verhilft zur Stabilität. Ruhige Kritik hilft eine neue Orientierung zu finden. Wichtig ist das Gefühl „in Ordnung" zu sein, damit sich eine konstruktive Persönlichkeit entwickeln kann.

In den Führungen begegnen wir den Kindern wahlweise führend oder offen lassend oder geben die Führung auch ganz bewusst ab.

In der Hofführung kann dies so klingen: „Du hast ein Pferd wiehern gehört? Hast Du gehört, wo es herkam? Führ uns doch mal dort hin!" Und schon marschierte die Kleinste der Gruppe stolz vorweg, um uns das Pferd zu zeigen.

In diesem Alter ist es sehr aufbauend, Verantwortung zu übernehmen. Kinder wagen sich gerne und mit viel Neugier an Aufgaben, die wir oft als zu groß für sie einstufen.

Sie entdecken durch ihr eigenes Forschen und Experimentieren selbst die Zusammenhänge zwischen Ursache und Wirkung.

Ein Junge fragt im Stall, wofür die Schaufel sei. Ich sage: „Sieh Dir die Schaufel bitte genau an. Was kannst Du sehen?" – „Da ist Dreck drauf." – „Was ist das für ein Dreck? Wo findest Du ihn hier?" – Nach genauem Untersuchen: „Das ist „Kacki" und da hat der Landwirt bestimmt bei den Kühen mit sauber gemacht. Da drin sieht das genauso aus."

Von 14 bis 21 Jahren
In dieser Altersstufe bekommt das Denken immer mehr Gewicht. Die Jugendlichen und jungen Erwachsenen werden zu Experten und fördern ihr Fachwissen. Sie übernehmen immer mehr Verantwortung. In der Schulzeit ist dies die Zeit für besondere Projekte, bei denen selbständige Ausarbeitung und Kreativität gefordert sind. Die Neugier auf die Welt und die Sehnsucht auf das, was ich will, bringen das Denken und Fühlen in ein Wollen. Dieses Wollen wird zum emotionalen Treiber in den Handlungsimpuls und ist im Positiven mit viel Lebensfreude verbunden. Gleichzeitig entsteht aber auch viel Angst vor dem Neuen, sowie Schmerz und Trauer beim Verlassen der kindlichen Geborgenheit des Elternhauses. Es tauchen Fragen auf nach dem Sinn des Lebens,

70

der eigenen Aufgabe und vor allen Dingen die Fragen: Wer bin ich? Und: Wohin gehöre ich?

In Folge bilden sich die eigenen neuen Werte, die oft mit viel Trotz und starken Emotionen einhergehen. Aber gerade die starken Emotionen bilden die Kraft aus für die Umsetzung. Es entstehen neue Wege und eigene Grenzen auf dem Weg zur Selbstfindung.

Erwachsenenalter

Sind neue Richtungen eingeschlagen und eigene Grundhaltungen gefunden, werden diese erprobt und verbessert. Je mehr der eigene rote Faden des Lebens zum Vorschein tritt, desto stimmiger und zufriedener wird der Mensch. Dies führt später oft in ein Meister-Sein auf einem bestimmten Gebiet.

Gerade Erwachsene sagen in den Führungen zu Beginn manchmal: Das kenne ich schon… Dann versuchen wir den kindlichen Entdeckergeist wieder zu wecken und das Altbekannte wieder mit neuen Augen anzusehen. Eine Landwirtin sagte zu uns, nachdem sie einen Weg, den sie am Tag mehrmals geht, zum ersten Mal rückwärts gegangen ist: „Das ist ja wie Urlaub! Wenn ich den Weg vorwärts gehe, bin ich in Gedanken immer schon bei dem, was ich am Ziel machen will. Gehe ich rückwärts, so nehme ich plötzlich unsere schöne Landschaft wieder wahr. Ich hätte nicht gedacht, dass ich mich auf dem kurzen Weg so erholen kann."

Wir Erwachsenen sind oft schon etwas steif und starr in unserm Denken und der Bewegungsfähigkeit. Schaffen wir es, diese Barriere zu durchbrechen, dann empfinden dies viele Teilnehmer als Fließen, pure Lebensfreude oder als ein tiefes inneres „zur Ruhe kommen".

Die Rolle der Grundhaltung

In dem vorhergehenden Kapitel „Wechselbeziehung der Sinne" haben wir die persönliche Präsenz angesprochen und das morphogenetische Feld, das durch sie entsteht. Vor der Führung bitte ich, die Führung möge für jeden Teilnehmer etwas beinhalten, das ihm in seiner Lebenssituation in irgendeiner Form hilft. Ich bitte darüber hinaus alle Wesen, die Tiere und Menschen, hierbei zu helfen. Wir nennen diese Intention beim Erfahrungsfeld Bauernhof „den guten Willen". Dabei sind schon sehr erstaunliche Führungssituationen entstanden:

Eine Gruppe 17 – 20 jährige Berufsschüler ist auf dem Bauernhof. Nach etwa 45 Minuten fragt einer: „Können wir eine Raucherpause machen?" Ich frage zurück: „Wem ist das jetzt ebenfalls wichtig?" Die Hälfte der Finger hebt sich. „Ok, machen wir eine Raucherpause. Die anderen, die sich dafür nicht interessieren, bitte ich, die Situation für ein Experiment zu nutzen. Ist dies für Euch ok?" – Zustimmung. Ich bitte die Raucher, beim Ausatmen Ringe zu formen. Die Raucher versuchen es. Plötzlich kommt ein böiger Gewitterwind auf und wir können beobachten, wie die Luft sich verwirbelt. – „Bitte blast den Rauch mal in verschiedene Richtungen." Die Raucher tun es. Wir verfolgen gespannt die Wege des Windes und staunen. Plötzlich fährt der Wind über den Boden nach oben und wirbelt dabei so viele Pappelsamen in die Luft, dass diese wie ein Schneesturm erscheinen. Gebannt beobachteten wir die verschiedenen Luftströme und es gibt viele „Ohhhs und Ahhhs".

Ein andermal war ich mit einer Gruppe aus dem 5. Schuljahr bei einer Schar von Enten. Es waren 2 verschiedene Rassen in unterschiedlichen Größen zu sehen. Ein Kind sagt: „Da schaut, die Größte und Stärkste geht vorweg, wie immer." Ich: „Ist das immer so? Mein Mathelehrer war ganz klein und schmächtig. Komisch, der konnte super gut vorweggehen." – Die Enten drehen sich in ihrem Watschelgang um und die Kleinste geht vorweg.

Neulich sagte eine Lehrerin zu mir, nachdem im Ziegenstall eine Ziege einen Jungen leicht mit dem Kopf gestoßen hat: „Nein, das kann ja nicht sein. Jetzt hat es genau den Richtigen getroffen. Das gibt es ja nicht!" - Doch, das gibt es.

Unsere Offenheit, dass alles, was passiert, es verdient, wahrgenommen und ernst genommen zu werden, führt zu diesen Situationen.

Dazu gehört in unserer Haltung ein gutes Vertrauen, dass schon das Richtige passieren wird.

Wenn wir dabei die Gruppe oder die Ereignisse auf dem Hof beobachten, dann entscheiden wir durch das Zulassen, Hinweisen und Hinführen, welche Inhalte entstehen können. Dadurch entsteht Raum für das Zwischenmenschliche.

Gruppendynamik

Für den EFB-Begleiter ist es wichtig, während und auch vor der Führung die Gruppendynamik zu beobachten:

Wer erzählt was? Wer hat besonderen Bewegungsdrang? Wer ist ruhig und scheu? Wo fällt das Interesse hin? Wer steht mit wem in Beziehung? Was haben die Menschen mitgebracht?

Zum Beispiel hat ein Kind ein Schmusetier dabei, den Leo. Es unterhält sich mit Leo. Während der Führung, spreche ich Leo ebenfalls an und frage ihn, wo er am liebsten hin möchte. Das Kind antwortet mit strahlenden Augen, dass Leo am liebsten zu den Ziegen möchte….und schon folgen wir alle Leo.

Wer ist eigentlich „Macher"? Wer ist „Sympathieträger"? Wer ist „Verhinderer" und wer hält sich zurück?

Wenn es uns gelingt, die Neigungen und Charakterzüge der Teilnehmer in den Führungen zu fördern, so dass sie sich in ein gemeinsames Ganzes fügen, dann kommt eine Führung richtig in Fluss und wird als gemeinsamer Flow empfunden. Der Macher greift zur Schaufel und zum Besen. Der Sympathieträger sorgt für gute Stimmung. Mit dem Verhinderer kann ein Prozess gut beendet werden. Und der Zurückhaltende führt zur Besinnung.

Sonderrollen für besondere Fähigkeiten

Besonders aktive Kinder übernehmen gerne führende Sonderrollen: Als Erster in einen unbekannten Raum gehen, etwas holen oder tragen oder bei etwas die Verantwortung mit zu übernehmen.

Ruhige und scheue Kinder beobachten gerne zuerst aus leichter Entfernung. Hier ist es spannend, die Rolle des Beobachters bewusst zu vergeben und es deutlich auszusprechen. Ein Beispiel am Futtertisch bei den Kühen: Fast alle Kinder laufen zu den Kühen und füttern diese. Nur Mark bleibt im Hintergrund und hat Angst, näher zu den Kühen zu gehen. Ich bitte ihn, hinten stehen zu bleiben und genau aufzupassen, was die anderen Kinder machen und zu schauen, ob den Kühen das gefällt. Etwas später frage ich ihn: „Und, was hast Du gesehen?" Da erzählt er, was die einzelnen

Kinder gemacht haben und wie die Kühe reagiert haben. Etwas später rückt er näher ran, um besser sehen zu können. Er streckt die Hand zu einer Kuh vorsichtig aus. Diese schnuppert und pustet leise. Mark lacht.

Die Kinder beobachten, wie die Kühe mit der Zunge bis in die Nasenlöcher fahren. Sabine sagt: „Ihh, die lecken sich mit der Zunge die Nase ab." Ich frage: "Wer von Euch kommt denn mit der Zungenspitze bis an die Nase?" Die Kinder probieren. Der kleinste – Peter – schafft dies exzellent. Die Kinder beobachten ihn alle und lachen. Der Spaßvogel Peter genießt die Aufmerksamkeit und ist ganz in seinem Element.

Inklusion

Die Besonderheit und Andersartigkeit reicht von kleinen, kaum zu bemerkenden Auffälligkeiten bis hin zur stärkeren Handicaps und Behinderungen. Wenn wir von Behinderung sprechen, so geschieht dies aus der Sicht der „Normalen". Wer aber definiert, was normal und was behindert ist? Welche Bezeichnung würde ein Mensch mit Handicap für die „Normalen" finden?

Ich habe wunderbare mongoloide Erwachsene erlebt. Sie waren in ihren Reaktionen in der Führung ganz offen, natürlich und unverfälscht. Wie würden diese über „Normale" urteilen, die sich in Haltung und Reaktion verstellen? Wie ist es, wenn der andere eine Art Maske trägt und nicht echt ist? Ist das wirklich normal?

Auf dem Hof, im Umgang mit Tier und Natur, entsteht ein Begegnungsfeld, in dem wir den anderen in seiner Andersartigkeit als gleichwertigen Partner entdecken können. Die Verschiedenheit

75

wird zum Erfahrungsfeld und wirkt ausgleichend auf die eigene Entwicklung.

Ich habe eine Freundin, die eine Integrations-Kindertagesstätte leitet. Sie hat mir oft berichtet, was sich unter den Kindern abspielt. Wilde, leicht aggressive Kinder werden im Umgang plötzlich fürsorglich, wenn sie spüren, dass der Andere Hilfe braucht. Das eigene Empfinden und das Einfühlen in den anderen führen zur Selbstregulation. Kinder, die langsam sind, führen z.B. spontan den Focus der Schnelleren wieder zu einem bestimmten Punkt zurück.

Zurzeit haben wir einen gesellschaftlichen Dogmenwandel von „Zeit ist Geld" in „Zeit ist Leben". Jungen Menschen ist Lebensqualität wichtig. Menschen mit Handicap können im Zusammenleben für Entschleunigung sorgen.

Gesprächslandkarte 8x8 – Dialoghilfe für Erfahrungslernen

(Olaf Keser-Wagner)

Wenn in einer Führungssituation nicht vorgegeben ist, welches Ziel erreicht werden soll, so entsteht Unsicherheit. Sowohl der Geführte, als auch der Führende verlieren das Vertrauen zueinander. Vertrauen entsteht jedoch, wenn wir uns füreinander interessieren. Vor diesem Hintergrund und dem Wunsch, den Zielen des Geführten zu folgen, haben wir aus verschiedenen Modellen in der Organisationsentwicklung ein Werkzeug geschaffen, welches uns gestattet, mit Fragen zu führen. „Die richtige Frage" zu formulieren ist dabei eine große Kunst. Wir meinen Fragen, die dem Geführten helfen, sein eigenes Verständnis zu reflektieren, seine eigenen Zielsetzungen zu erkennen und darüber hinaus in einen Handlungsimpuls zu überführen. Grundlage hierzu ist das Modell der Dynamischen Urteilsbildung von Lex Bos.

Die Rolle der Frage

Es ist heutzutage üblich, dass wir, wenn wir jemandem eine Frage stellen, eine Antwort erwarten und auch bekommen. Ob der Gefragte jedoch die Frage wirklich so verstanden hat, wie wir sie gestellt haben, ist verhältnismäßig unwahrscheinlich.

Zum Beispiel fragt ein Kind: Wie alt wird das Huhn? Was möchte es dann wissen? Wie alt ein Huhn generell wird? Ob das Huhn älter

77

wird als eine Katze? Wann es geschlachtet werden soll? Ob es geschlachtet wird? Ob es von selbst stirbt?

All diese dahinter liegenden Fragen kann ich in der Regel überhaupt nicht wahrnehmen, weil es keinen Raum gibt, dass sie gestellt werden können. Antworte ich hier mit „Das Huhn wird eineinhalb Jahre alt", dann hat das Kind keine Antwort bekommen auf die Frage, ob es älter als eine Katze wird oder ob es von selbst stirbt.

Probieren Sie es mal aus und untersuchen Sie, welche Fragen gestellt werden müssten, um auf diese „Fragen hinter der Frage" zu kommen.

Wahrnehmung – Meinung – Vision – Wege

Lex Bos unterscheidet für jede Fragestellung zwei Wege, die auf alle Fragen zutreffen: Den Erkenntnisweg in die Vergangenheit und den Wahlweg in die Zukunft.

Der Erkenntnisweg beinhaltet eine Polarität zwischen dem was in mir als Meinung und Sprache gewachsen ist und dem was äußerlich als klar wahrnehmbares Fakt bis zur Frage geführt hat. Nehmen wir ein Beispiel aus einer Führung: Ein Vater in einer Kinderführung fragt: „Wieviel PS hat der Schlepper?" Hat er auch einen Schlepper? Kommt er vom Hof? Hat er ein Auto? – Dies wären alles Themen, die auftauchen auf dem Fakten/Wahrnehmungs-Feld. Vergleicht er sein Auto mit dem Schlepper? Hat er einen Begriff von Stärke bei der Nennung von PS? – Dies wären Fragen in das Meinungs-Feld.

78

Der Wahlweg in die Zukunft unterscheidet die persönliche innere Zielsetzung und Vision von der konkreten, realistischen Handlungsmöglichkeit, dem Weg. Das Schlepperbeispiel zeigt auch hier: Will er einfach nur eine Zahl wissen, um zu vergleichen? Will er mal fahren? Will er seine Angst besiegen, die in ihm aufsteigt? Will er auch mal was Schlaues fragen?

Seine Tat in diesem Moment ist die unpersönlich gehaltene Frage: „Wie viel PS hat der Schlepper?". Als er zurück gefragt wurde, was er denn mit dem Ergebnis einer Zahl mache, stellte er schnell fest, dass es ihm überhaupt nicht darum ging. Er wollte tatsächlich Schlepper fahren, traute sich jedoch nicht, diese Frage zu stellen.

So ergibt sich auch für die Zukunft auf dem Wahlweg ein Spannungsfeld zwischen innen und außen: einerseits die konkret begehbaren Wege, die man geht, um die Lösung der Frage oder um seine eigene Zielsetzung zu verwirklichen. Andererseits die persönlichen, inneren Zielsetzungen des Fragenden.

In der Abbildung auf der folgenden Seite ist dies zusammengefasst: Es zeigt sich eine mehrfache Polarität: **Vergangenheit** und **Zukunft** treffen in der **Frage** aufeinander. Die persönlichen Felder der eigenen **Meinung** und der eigenen **Ziel**setzung treffen in der Frage auf die **Wahrnehmungen** und **Fakten** der Vergangenheit und die möglichen **Wege** in der Zukunft. In der Vergangenheit gibt es die **Innen-Außen**-Polarität zwischen Meinung (innen) und Wahrnehmung (außen) in der Zukunft gibt es diese Polarität ebenfalls zwischen Zielsetzung/Vision (innen) und Weg/erster Schritt (außen).

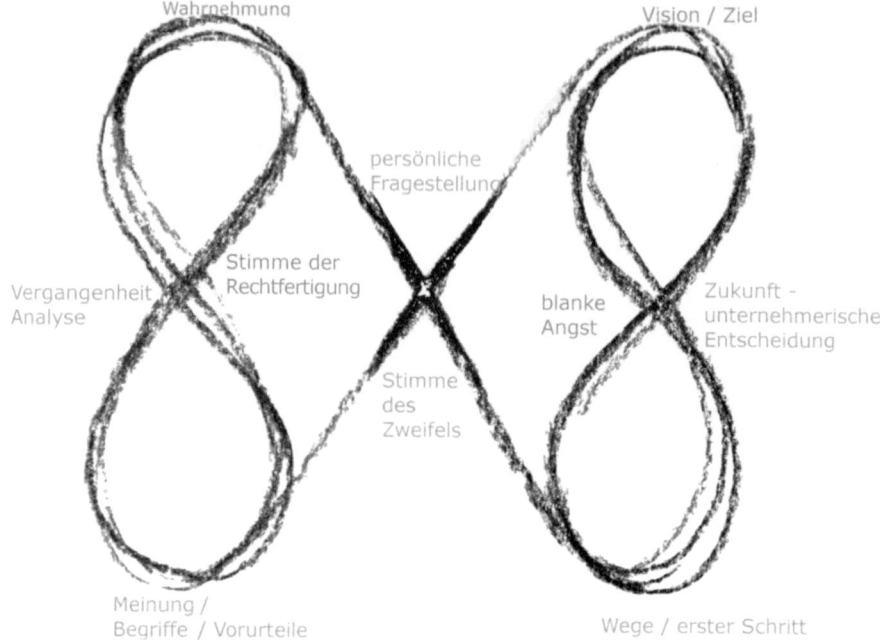

Wahrnehmung

Vision / Ziel

persönliche
Fragestellung

Stimme der
Rechtfertigung

Vergangenheit
Analyse

blanke
Angst

Zukunft -
unternehmerische
Entscheidung

Stimme
des
Zweifels

Meinung /
Begriffe / Vorurteile

Wege / erster Schritt

80

Die Schwelle: Hindernis und Ermutigung

Oft stellen wir fest, dass Teilnehmer in den Führungen sich nicht trauen, bestimmte Dinge zu tun. Wir erreichen nicht das Wegefeld. Auf der Suche nach möglichen Hindernissen fanden wir Claus Otto Scharmers „Theorie U". Darin beschreibt er verschiedene Stimmen, die ein sich öffnen verhindern. Er bezeichnet sie als „voice of judgement", "voice of cynism und "voice of fear". Diese finden sich in der Gesprächslandkarte 8×8 wieder wie folgt:

Versetzen wir uns in den oben genannten Vater mit seiner Frage nach der Stärke des Schleppers. Fragen wir ihn zurück „Warum willst Du das wissen?", so sind sehr verschiedene Möglichkeiten der Reaktion gegeben:

Die Rechtfertigung: Der Vater kann sich zu einer logischen Rechtfertigung aufgerufen fühlen: Erklären dessen, was er sieht und was er interpretiert, ist die Folge. Argumente werden gesucht und sachlich ausgetauscht. Nur wenn ich mich nicht sicher fühle in meinen Wahrnehmungen und Urteilen dazu, werde ich hier ein Gefühl der Unsicherheit bekommen.

Die blanke Angst: Der Vater kann sich emotional so angegriffen fühlen, dass er – bevor sein Bewusstsein wieder Klarheit bekommt – Schweißausbrüche, Herzklopfen oder Gänsehaut verspürt. Wohlgemerkt, hier entsteht ein sehr tiefes, emotionales Gefühl, welches konkrete, körperliche Reaktionen zeigt. Dies erfolgt immer dann, wenn die eigene Zielsetzung (Trecker fahren) mit den möglichen Wegen nicht harmoniert.

Der Zweifel: befindet sich zwischen den beiden oben genannten Schwellen oder Widerständen. Er ist ebenfalls ein emotionales Erleben, eher mit der Frage, ob man sich selbst oder jemand anderem zutraut, das logisch Besprochene auch umzusetzen. Dies kann angstfrei sein. Häufig zeigt sich dann, dass das Gleichgewicht auf einem oder mehreren der vier umliegenden Felder gestört ist.

Aus diesen Gründen heraus haben wir diese Widerstände in die Kreuzungspunkte des 8x8 geschrieben. Oft ist es äußerst wirksam, wenn man einen Widerstand beim anderen wahrnimmt, explizit danach zu fragen: Haben Sie Zweifel? Wovor haben Sie Angst? Brauchen Sie mehr Argumente?

In Anlehnung an Claus Otto Scharmer haben wir diese Widerstände mit

- Stimme der Rechtfertigung
- Stimme des Zweifels
- blanke Angst

bezeichnet.

Die Stimme der Rechtfertigung entsteht am Übergang zwischen den Feldern Wahrnehmung und Meinung. Sie zeigt, dass auf einem dieser beiden Felder, oder auf beiden Feldern, das Verhältnis zu einander nicht stimmig ist. Wenn jemand die ganze Zeit nur Meinungen äußert, dann fragen wir fast von alleine, an welchen Wahrnehmungen er denn diese festmacht. Andersherum fragen wir nach persönlicher Beurteilung, wenn jemand ständig nur Fakten schildert.

Eine Schockstarre entsteht, wenn das Verhältnis zwischen persönlicher Vision und dem ersten Schritt nicht stimmig ist. Diese blanke Angst äußert sich in erster Linie durch körperliche Reaktionen wie Schweißausbrüche, Gänsehaut, Herzklopfen, höhere Durchblutung.

In der Frage selbst ist gleichzeitig die Stimme des Zweifels laut. Sie klingt an, wenn auf einem oder mehreren der vier umgebenden Feldern (Wahrnehmung, Meinung, Vision und Weg) die Balance nicht stimmt. Sie kennen das vielleicht, dass in einer Besprechung Themen durchgesprochen und auch gründlich analysiert wurden, dass Zielsetzungen formuliert und Verabredungen getroffen wurden und dass Sie am Ende doch das Gefühl haben, dass der ein oder andere (oder auch man selbst) den vorgeschlagenen Weg nicht gehen kann. Typisch für die Stimme des Zweifels ist ein emotionales Erscheinen.

Diese Stimmen und die blanke Angst sind Widerstände, die an der Umsetzung hindern. Sie fallen auch manchmal mehr oder weniger zusammen.

Wenn dem Gesprächspartner deutlich wird, um welche Widerstände es sich handelt, können sie überwunden werden, durch Verstärkung der einzelnen Fragen in die entsprechenden Felder.

Auch ist das Heranführen an diese Schwelle als eine Erfahrungsgrenze sehr wertvoll. Oft erleben wir in der Mensch-Tier-Beziehung diese Schwelle. So war für einen erwachsenen Teilnehmer die Begegnung mit den Kühen äußerst schwierig. Obwohl die Kühe gewohnt waren, dass immer wieder Menschen zwischen ihnen standen und gemolken oder gestriegelt haben, hatte dieser Teilnehmer große Angst, im Stall eine angebundene Kuh zu striegeln. Daraufhin haben wir die Situation von außen betrachtet. Beobachtet, wie andere Teilnehmer des Workshops gearbeitet haben und dann uns anderen Themen zugewandt, die für den Teilnehmer interessant waren. Die Anerkennung der persönlichen, blanken Angst hat in diesem Fall zu einem großen Vertrauen geführt. Später konnte der Teilnehmer dann diese Angst überwinden und stolz darauf sein.

Aus unserer Erfahrung ist es keinesfalls so, dass Erwachsene weniger Angst haben. Sie sind nur verbal besser geschult und äußern dies eher als Stimme der Rechtfertigung. Hier führt das Üben mit der Gesprächslandkarte 8x8 dazu, dass man dieses

83

Verhalten schnell durchschaut und kleine Lösungsschritte anbieten kann.

Zeit – Ort – Beziehung

Wenn wir Teilnehmer aufforderten, Fragen zu stellen, um in die vier Grundfelder (Wahrnehmung-Fakten / Meinung / Ziel / Weg) zu lenken, fragten sie, wie sie konkret formulieren müssen. Besonders, wenn es darum geht, das Wahrnehmungsfeld zu füllen, taten sich die Teilnehmenden schwer. Hier hilft die magische Beziehung zwischen Orten, Zeiten und Beziehungen, Fragemöglichkeiten zu finden.

Orte sind beschreibbar mit Hilfe unserer Wahrnehmung. Dabei meinen wir nicht nur Bauernhöfe, Ställe und Scheunen. Auch ein Blatt Papier, ein Formular, eine Beamer-Präsentation oder ein Flipchart sind Orte, die wir beschreiben können durch Größe, Farbe, Form, …

Zeiten helfen uns, zu verstehen, wie diese Orte entstanden sind oder wie sie sich weiter entwickeln werden. Fragen nach zeitlichen Zusammenhängen verdeutlichen Prozessabläufe. Dabei ist es auch hilfreich, andere Zeitdimensionen in Augenschein zu nehmen: Wie lange ist etwas her? In welcher Jahreszeit befinden wir uns? Welches Lebensalter oder welche Tageszeit hat Einfluss auf das Geschehen? …

Beziehungen entstehen zwischen den beteiligten Menschen. Wir sind es, alleine oder in Gruppen, die über bestimmte Zeitabläufe Orte entstehen lassen. Ohne uns waltet die Natur, das Tier- und Pflanzenreich. Oft spielt aber eine Rolle, wer mit uns unterwegs ist.

Ist jemand sympathisch oder unsympathisch? Will jemand etwas verhindern oder unterstützen? Gibt es noch uns unbewusste Beteiligte, die Ansprüche an die Situation stellen können?

Jeder Ort, der gestaltet worden ist, ist durch Menschen gestaltet oder durch Einflüsse gestaltet, die von Menschen mitbestimmt worden sind. Diese stehen zu dieser Gestaltung in einer bestimmten Beziehung. Sie können sie sympathisch oder unsympathisch finden. Die Gestaltung selber benötigt jedoch einen Zeitraum. Jede Aufgabe, die Sie erfüllen müssen, jedes Ziel, das Sie erreichen wollen, entsteht durch bestimmte Schritte, die Sie innerhalb einer Zeitspanne gehen müssen, sowie durch die von Ihren Beziehungen beeinflussten Maßnahmen, die Sie dafür ergreifen.

85

Dieses **magische Dreieck** zwischen Zeit, Ort und Beziehung, bildet das ab, was wir normalerweise mit Geld oder Lebensqualität in Wert setzen. Gerät dieses Dreieck aus der Balance, so bedeutet dies in der Regel den Einsatz von Geld oder Lebenszeit, um eine Umgestaltung des Ortes, eine Verlängerung der Zeit, oder eine Investitionen in die Beziehungsqualität zu ermöglichen. Die Frage nach Budget oder nach Kosten, beinhaltet also immer etwas, was mit den drei Faktoren Zeit, Ort und Beziehung zu tun hat. Fragen wir beispielsweise auf dem Wahrnehmungsfeld, was ein Huhn kostet, so verbergen sich dahinter Fragen nach dem Alter des Tieres, dem Zustand, oder auch der Bindung des Tieres zu seinem Besitzer.

Zeit-Fragen beinhalten Fragen nach Dauer, Zeitpunkt, Ende oder Beginn. Aber auch Fragen nach Wiederholung, Regelmäßigkeit und Rhythmus.

Ortsfragen beinhalten Fragen nach den Räumen und Orten, nach den konkreten Materialien, nach dem Design, nach Formen und Farben, Tast- und Hörerfahrung.

Beziehungsfragen stellen sich in Bezug auf Mitwirkende, sympathisch oder unsympathisch, Empfindungen zu anderen Beteiligten, auf Unterstützer und Verhinderer.

Ein paar dieser Fragen haben wir im Folgenden zusammengefasst. Dabei vermischen sich durchaus die verschiedenen Bereiche. Diese Beispielfragen können als Anregung dienen, sollen jedoch nicht auswendig gelernt werden, weil die auswendig gelernte Frage nicht mehr aus dem echten Interesse des Gegenübers kommt.

☑ Die folgende Doppelseite ist wie ein Arbeitsblatt auch als Kopiervorlage geeignet. Wenn Sie diese Seite im Querformat kopieren, können Sie sie in ersten Gesprächen vor sich liegen haben.

☑ Gleichzeitig raten wir Ihnen, sich ein Blatt Papier mit der entsprechenden Einteilung zu gestalten. Notieren Sie sich auch die Widerstände (Stimme der Rechtfertigung, Stimme des Zweifels und blanke Angst) und die vier Bereiche des magischen Dreiecks (Ort, Zeit, Beziehung und Wert/Lebensqualität).

☑ Versuchen Sie dann, ihr Gegenüber so zu fragen, dass Sie erfahren, was für ihr Gegenüber im Hinblick auf die Fakten, Meinungen, Visionen und möglichen Wege von Bedeutung ist. Sie müssen in diesem Modell keine Reihenfolge einhalten. Hören Sie lieber genauer hin, was ihr Gegenüber bereits gesagt hat. Je besser es Ihnen gelingt, ihre eigenen Visionen und Meinungen heraus zu halten, desto intensiver wird ihr Gegenüber ihr Interesse erleben.

87

Wahrnehmung

- In welcher Situation hast Du das bis heute erlebt?
- Wann ist Dir das zuletzt konkret aufgefallen?
- Um welche Zeit war das?
- In welchem Rhythmus hat das stattgefunden?
- An welchem Ort ist das passiert?
- Was hat das gekostet?
- Wer war (noch) dabei, als es passiert ist?
- Was ist dort konkret passiert?
- Wie viel Platz hatte der Andere?
- Welche anderen Meinungen waren im Raum vertreten?
- Welche anderen Fragen wurden noch gestellt?
- Welche anderen Ziele wurden noch genannt?
- Welche konkreten Lösungsvorschläge wurden unterbreitet?

...

Meinung

- Was verstehst Du unter ... (Begriff der genannt wurde einsetzen)?
- Wie findest Du das?
- Wie beurteilst Du die soeben beschriebene Situation?
- Wie beurteilst Du, dass ... passiert ist?
- Wie beurteilst Du die (verschiedenen) Zielsetzung(en)?

...

Ziel/Vision

- Welches Ziel willst Du erreichen?
- Wie sieht dein Ziel konkret aus, wenn es fertig ist?
- Was empfindest Du, wenn Du dein Ziel erreicht hättest?
- Was wäre dein größter Traum?
- Welche weiteren Ziele hast Du?
- Wen wünschst Du Dir als Unterstützer?
- Welche Materialien willst Du verwenden?
- Welche Orte könnten geeignet sein?
- Welche Zeiten dürfen dort vollbracht werden?

...

Wege

- Was hindert Dich jetzt an der konkreten Umsetzung?
- Welche nächsten Schritte sind bis morgen möglich?
- Was kannst Du tun, damit dein Ziel erreicht wird?
- Wie viel Zeit hast Du, um dein Ziel umzusetzen?
- Wie viel Geld brauchst Du, um das Ziel zu erreichen?
- Welche Methoden/Modelle helfen Dir, konkrete Lösungen zu finden?
- Welches Material fehlt zur Umsetzung?
- Wie sieht der nächste konkrete kleine Schritt aus?
- Wer kann mit Dir kooperieren?

...

Die große Gefahr selbst formulierter Fragen liegt darin, dass man allzu schnell geneigt ist, eigene, persönliche Erfahrungen und Meinungen in die Fragestellung mit einzubringen. Daher ist es außerordentlich wichtig, möglichst nur die sprachlichen Begriffe zu verwenden, die der Geführte selbst verwendet hat. Allzu leicht lenkt man sonst die Aufmerksamkeit des Geführten auf Interessenfelder, die einen selbst betreffen und verführt ihn regelrecht, aus seinem eigenen Gedankenstrom auszubrechen. Damit wird er sich jedoch untreu und macht oft uns nachher verantwortlich für ein misslungenes Ergebnis.

Die Gesprächslandkarte 8x8 zeigt, wo sich Hindernisse befinden, die dazu führen, dass der Geführte sich vor seinen eigenen Erfahrungen scheut. Sie zeigt Felder auf, in die hinein gefragt werden kann, um zu verstehen, welche persönliche, individuelle Gedankenwelt den Geführten zu **seiner echten Frage** führen. Sie gleicht diese individuelle Gedankenwelt mit dem ab, was vor Ort jetzt gerade zu erkennen ist. Sie ermutigt und hilft, eigenverantwortlich den eigenen Interessen nachzugehen und sich zu öffnen für neue Erfahrungen.

Wie jede Landkarte hat sie Grundpolaritäten. Diese werden durch die beiden Achten und das Malzeichen symbolisiert. Stellen Sie sich darauf ein, dass innerhalb kürzester Zeit die im Zentrum stehende Frage des Gegenübers sich deutlich konkretisiert hat oder auch ganz andere Zielsetzungen, Meinungen, Wahrnehmungen und Wege zum Vorschein bringt. Das ist das dynamische daran. Es gibt keine Reihenfolge darin. Sie können jedes Feld dann füllen, wenn es vom Gegenüber angesprochen wird.

Doch jedes Gespräch, was wir führen, sei es auch nur eine Minute während einer Führung, hat ein Ende. „Dort hört das Sprechen auf" sagte Lex Bos. Es kommt zu einer Absprache. Ab dem Moment ist der Andere eigenständig für sein Tun verantwortlich. Wie ernst nimmt sich der Einzelne selbst in seinen Wünschen und der Erfüllung dieser?

Als Erfahrungsfeld-Bauernhof-Begleiter tragen wir die Verantwortung, dem Gegenüber seine Verantwortlichkeit zu verdeutlichen.

Verantwortung

Um verantwortungsvoll handeln zu können, bedarf es verschiedener Voraussetzungen, die der künftige Verantwortliche erfüllen muss oder erfüllen will. Das folgende „ErIch-Modell" zeigt Kernfelder der Verantwortung, die durch Befragung gefüllt werden und so ein Gradmesser für die Aufgabenstellung und die Verantwortungsfähigkeit werden. Anhand eines Beispiels werden diese Felder näher erläutert.

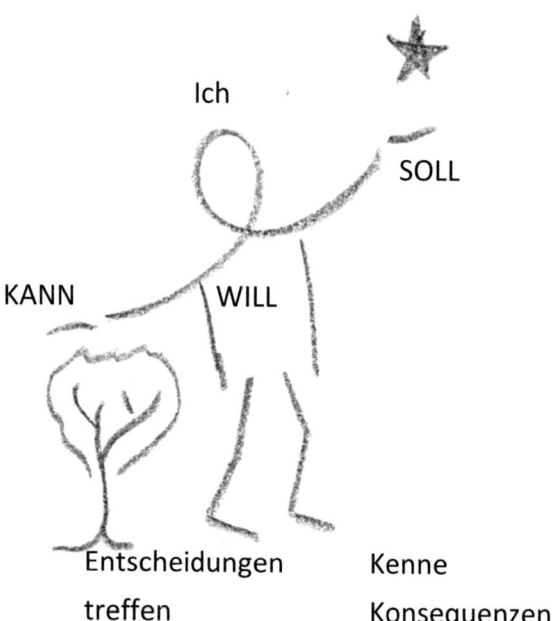

Verantwortung wird heutzutage delegiert, indem jemandem eine Aufgabe übertragen wird. Diese Aufgabe entspricht einer Zielsetzung, die zu einem späteren Zeitpunkt erreicht werden soll. In der Führung ist dies ein Ziel, welches vorher von den

Teilnehmern selber definiert wird. „Ich will zu den Tieren!" „Ich will Traktor fahren!"

Um zu den Tieren zu gelangen, muss die ganze Gruppe mit dem Teilnehmer vom Hofplatz in den Stall gehen. Auf diesem scheinbar kleinen Weg sind jede Menge Entscheidungen zu treffen. Geht man rechts oder links um den im Wege stehenden Traktor herum? Hält man dort an? Durch welche der Stalltüren geht man in den Stall? Wie viele Leute können mit in den Stall? All diese sich stellenden Fragen auf dem Weg dorthin haben je nach ihrer Beantwortung unterschiedliche Konsequenzen: Rechts um den Schlepper wird's eng, links herum matschig. Sind wir zu laut oder zu leise im Stall, wenn wir mit allen gleichzeitig hineingehen? Damit ist eine Grundlage von Verantwortung genannt: Die Fähigkeit, **Entscheidungen** treffen zu können und sich über mögliche **Konsequenzen** Gedanken zu machen.

Persönliche Voraussetzungen, in Form von Fachkenntnissen oder auch sozialen Fähigkeiten, beschreiben das notwendige **Können**, welches vorhanden sein muss, um die Aufgabe gut zu erfüllen. Dieses Können steht dem, was in Zukunft erreicht werden soll, als notwendiger Ausgleich gegenüber. Im Bild des von uns entwickelten ErIch-Modells sind es die beiden Arme. Der eine, die persönlichen Fähigkeiten, beschützt das, was wir in der Vergangenheit uns erarbeitet haben, der andere weist in die Zukunft zu dem, was wir erreichen sollen.

Dieses **Sollen** wird von vielen Faktoren bestimmt: was will der Fragesteller? Was ist auf diesem Hof erlaubt? Was will der Rest der Gruppe? Welche konkreten Anforderungen stellt der matschige, welche der enge Weg? …

Aufgaben sind teilbar, Verantwortung nicht! Ich kann als Erfahrungsfeld-Bauernhof-Begleiter die Verantwortung für die Durchführung einer Führung übernehmen. Die Führung selbst enthält für einzelne Teilnehmer kleinere Aufgaben, die diese selbst ausführen sollen. Das kann das Rückwärtsgehen sein oder auch ein blindes Geführtsein, das kann Füttern von Tieren sein, Traktor fahren... Meine Führungsverantwortung liegt dann darin, dem anderen zu zeigen, welche Konsequenzen kommen könnten, welche anderen Ziele gewollt werden, welche eigenen Fähigkeiten vorhanden sind, und ihn heranzuführen an die Entscheidungen und Konsequenzen, die er tragen will.

Zusammengefasst haben wir es mit den fünf folgenden Feldern zu tun, auf denen ebenfalls die Konkretisierungsfaktoren Zeit, Ort und Beziehung, sowie Geld/Lebensqualität, gelten:

1. **Ich**: eine konkrete Person, mit Namen, einer zur Verfügung stehenden Zeit, an einem konkreten Ort.
2. **Kann**: soziale und fachliche Fähigkeiten dieser Person im Umgang mit Materialien, Zeiten, mit Menschen.
3. **Soll**: Zielsetzungen von anderen Menschen, Möglichkeiten an diesen Orten, innerhalb der gegebenen Zeiten, abhängig von kulturellen, rechtlichen, persönlichen Vorgaben.
4. **Entscheidungen treffen**: bedeutet hier vor allem, sich von anderen, zielführenden Orten, Zeiten und Beziehungen zu scheiden.
5. **Kenne Konsequenzen**: die Fähigkeit, sich mit positiven und negativen Konsequenzen ein Bild über Zukunftsperspektiven im Hinblick auf die Entwicklung von Orten, Zeiten und Beziehungen zu schaffen.

6. Fragt man beim Gegenüber diese fünf Felder ab, so entsteht des sechste in der Mitte: ein Evidenzgefühl im Sinne eines echten „ich **will**" oder auch eines echten „ich will nicht".

Den Namen hat das ErIch-Modell übrigens daher, dass in der Delegation von Verantwortung immer die Frage entstand: „Macht Er es oder ich? (ErIch)"

Führungsaufbau

Claudia Klebach

Vorbereitung

Die neue Haltung ist: Ich begleite meine Gäste in Ihren Fragen, Wünschen und Bedürfnissen. Mit dieser Haltung sind wir völlig beim Interesse des anderen und rücken die Gäste mit in den Focus. Unsere eigene Meinung rückt in den Hintergrund.

In der Grundhaltung entfernen wir uns von der Vorstellung des festen Plans, wie eine Führung ablaufen sollte: Zuerst 10 Min. Hof und Umgebung, 15 Minuten Kühe, 15 Min. Schweine…

Dieses Loslassen geht leichter, wenn wir uns mental entsprechend einstimmen durch folgende Fragen:

- Wer kommt und wie alt sind die Teilnehmer?
- Ist die Zielgruppe klar definiert?
- Für wen mache ich die Führung z.B. in einer Familienführung? Eher für die Erwachsenen oder die Kinder?
- Habe ich die Betreuungspersonen informiert, was ich während der Führung von ihnen erwarte? Sollen sie sich völlig zurückhalten oder die Aufsicht mit übernehmen, ohne sich einzumischen? Sind sie informiert, worauf sie achten können, um im Unterricht eine gute Nachbereitung zu erreichen?
- Welche Tages- und Jahreszeit haben wir?
- Wie lautet mein persönlicher „guter Wunsch" für die Führung?

- Welchen Einfluss hat meine Grundhaltung auf die Gruppe?
  Z.B. der Einfluss des „guten Willens", d.h. dass jeder
  Teilnehmer etwas erfahren möge, was ihm hilft und ihn
  berührt.
- Bei mehreren EFB-Begleitern: Wer startet? Wie wird die
  Gruppe gegebenenfalls getrennt? Wer macht den
  Abschluss? Und wie erfolgt die Übergabe?

Durchführung

„Anwärmen", während die Teilnehmer auf dem Hof eintreffen: Am
besten die Teilnehmer mit Handschlag auf Augenhöhe begrüßen,
also bei Kindern in die Hocke gehen.

- Auf die Gruppendynamik achten: Wer ist laut und wer
  leise? Wer ist extrovertiert und wer still? Was erzählen die
  Einzelnen? Wo liegt das Interesse und welche Beziehungen
  spielen eine Rolle? Dies kann auch die Beziehung zu einem
  Stofftier bei Kindern sein. Was äußern die Teilnehmer und
  wohin fällt der Blick?

97

Aus diesen Eindrücken kann sich später der rote Faden der Führung
entwickeln. Wenn wir dies schaffen, dann sind wir ganz nah bei
den Teilnehmern.

- Begrüßung und Vorstellung der eigenen Person und ggf.
  weiterer EFB-Begleiter.
- **Eine** Hof-Regel: Wenn wir „stop" sagen, dann gilt „stop".

Mit jüngeren Gruppen können wir dies zu Beginn auch praktisch
üben, indem wir die Kinder bitten, sich wild auf der Stelle zu
bewegen und zu hüpfen. Ruft jemand „stop", sollen alle mitten in
der Bewegung still verharren. Dies gibt schon zu Beginn einige
Lacher und funktioniert später bestens.

- „Entwartung": Wenn die Teilnehmer eine klassische, wissensvermittelnde Führung erwarten, ist es sinnvoll diese Erwartung vorher zu zerstreuen. „Heute geht es darum, dass Sie selbst entdecken, erforschen und die Zusammenhänge finden…."

Die Führung laufen lassen und die Aussagen, Impulse und Taten der Teilnehmer aufgreifen. Gelegentlich konkrete Aufgaben stellen. Es ist immer eine Mischung zwischen Treibenlassen und konkreter Richtung. Aus Sicht der Gruppendynamik ein Wechsel zwischen auseinander und zusammen.

Scheinbare **Störungen können zum Event** gemacht werden. Beispiel: Ein Teilnehmer hat Bergschuhe an und fängt an, diese ganz langsam zu schnüren. Die anderen warten ein wenig ungeduldig und schauen zu. Eine Dame meinte, dass er sie falsch schnürt und so lassen wir den rechten Schuh in einer anderen Methode binden und lenken in der Führung immer wieder den Focus auf bewusstes Gehen, unterschiedliche Böden und die Frage, wie sich der linke Fuß im Vergleich zum rechten in den verschieden geschnürten Schuhen anfühlt.

- Der Führende entscheidet, wann er was als innerlichen roten Faden der Führung definiert. Welche Ereignisse werden zum Thema?
- Eine Methode der Wertschöpfung ist die Verknappung. Dinge, von denen es nur eines gibt, sind oft wertvoller als Dinge, die es in beliebiger Menge gibt. Ein Beispiel: Beim Apfel-Ernten wollte jeder einen Apfel probieren. Wir suchten den schönsten Apfel aus. Ich holte mein Messer aus der Tasche, rieb den Apfel sorgfältig mit einem Tuch ab und schnitt kleine Apfelspalten zum Probieren ab. Der Apfel war dadurch ganz besonders im Focus und das kleine Stück wurde um vieles bewusster genossen.

- Aufgaben für zu Hause oder die Schule mitgeben, z.B. Samen, mit dem Auftrag, sie zu pflanzen und zu schauen, welche Pflanze sich daraus entwickelt.

Feedback

Abschlussrunde mit Statements der Teilnehmer, wobei viele Richtungen möglich sind. Die Frage führt hierbei:

- Was war Ihr Highlight?
- Was hat Sie berührt?
- Was erzählt Ihr heute Abend Euren Eltern?
- Mit welcher Frage gehen Sie?
- Was wollen Sie sehen, wenn Sie das nächste Mal kommen?
- Mit Kindern eignet sich auch eine Abschlussübung im Kreis.

Auf der folgenden Seite finden Sie den Führungsaufbau noch einmal in Kurzform für die praktische Anwendung.

Arbeitsblatt: Vorbereitung und Führung

Vorbereitung
Wer kommt?

Alter?

Woher? Wie lange Anfahrt?

Tageszeit?

Jahreszeit?

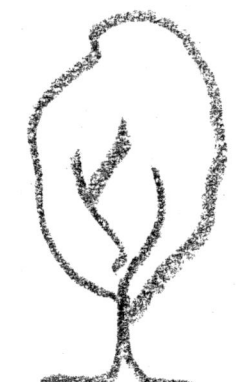

Grundhaltung: Ich begleite meine Gäste in Ihren Fragen, Wünschen und Bedürfnissen!

Zielgruppe klar machen!

Umgang mit
Betreuungspersonen?

Mein guter Wunsch für die Führung?

Wie und wann machen wir die Übergaben
bei mehreren EFB-Begleitern?

Durchführung

Anwärmen

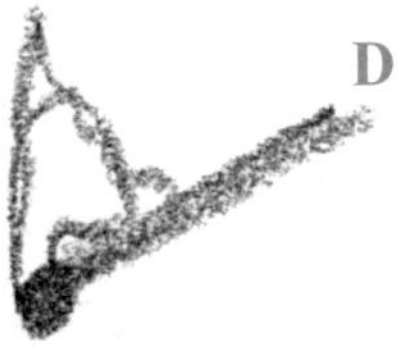

Begrüßung

Vorstellung der eigenen Person

Ggf. Trennung der Gruppe

!STOP-Regel

101

Unfallverhütung bei Bedarf!

Entwarten

Roten Faden innerlich definieren:

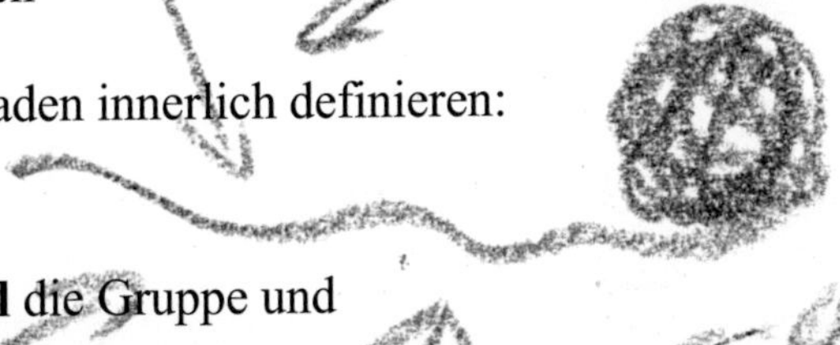

Was **will** die Gruppe und

was **braucht** die Gruppe?

Feedback

Abschluss

Du hast alle Zeit der Welt,
aber nach 1,5 Stunden ist die Führung zu Ende!

Anregungen zur Übungsentwicklung

Polaritäten

In den Ausbildungen zum Erfahrungsfeld-Begleiter fördern wir die eigene Kreativität zur Übungsentwicklung. In der Sinneserfahrung gibt es immer Polaritäten, die die Extreme zeigen. Dazwischen gibt es sanfte Abstufungen, mit denen wir in der Übungsentwicklung spielen. Am Beispiel der Polarität grün und rot kommt man auf das Farbensehen. Verkleinert man diese Polarität in rot-grün und grün-grün lässt sich sehr schön aufzeigen, wie groß die Bandbreite der Farben ist. Wir bitten die Teilnehmer, auf ihrem Weg je ein Blatt zu sammeln. Wenn wir die Blätter anschließend vergleichen, zeigen sich sehr schön die Abstufungen der unterschiedlichen Grüns. Welche Farben finden wir davon in unserer Kleidung wieder? Welche Unterschiede gibt es dabei? Welche Namen können wir den unterschiedlichen Grüns geben?

Laut Hugo Kükelhaus sind es die sanften Reize, die die Sinne fördern, aktivieren und beleben. Die überstarken Reize zerstören sie.

Je feiner wir mit den Abstufungen arbeiten, desto aktivierender wirken die Übungen. In der Praxis zeigt sich, dass zuerst oft die extreme Polarität gesehen wird. Dann gilt es, diese feiner werden zu lassen. Beispiel: Eine Gruppe sieht auf ein Stück Boden und ich bat die Teilnehmer zu benennen, was sie dort sehen, ohne etwas doppelt zu sagen. „Beton, Splitt, Steine, Grünzeug." – Dann war die Runde still. Auf die Frage: Welches Grünzeug? Welche

Formen? Welche Farben?, ging die Runde weiter und weiter. Ich fragte am Ende, wer etwas Neues gesehen hätte. Verblüfft bejahten alle Teilnehmer dies. Wie lässt sich unsere Sichtweise verfeinern, wenn wir etwas länger hinsehen und nicht gleich in ein Urteil verfallen? Unser „kenne ich doch schon" hält uns oft ab, mehr zu sehen.

Im Folgenden skizzieren wir einige Polaritäten und weitere Übungsideen zur Anregung der eigenen Phantasie. Hilfreich für jede Übung ist die abschließende, gemeinsame Reflexion über das, was neu erfahren wurde. Dabei gibt es kein richtig oder falsch – sondern den Respekt gegenüber der Andersartigkeit des anderen.

Laut - leise

- ☑ Laut rufen und ganz leise flüstern.
- ☑ Verschiedene Geräusche machen und die anderen raten, orten mit geschlossenen Augen.

Frage – Antwort

- ☑ Fragen mit Fragen beantworten, die in die verschiedenen Felder des 8x8`s führen. Den Spannungsbogen vor einer geschlossen Tür erhöhen, mit der Frage, was wir dahinter erwarten. Die Spannung vertieft sich und mit der Antwort fällt die Spannung wieder.

Auseinander – zusammen

- ☑ Kreisübung: Die Kinder stehen im Kreis, Hand in Hand. Nun dehnen wir den Kreis zunächst so weit wie möglich und kommen danach in der Mitte wieder zusammen. Je nach Alter können wir dies mit Tierstimmen begleiten: Was haben wir heute für Tiere gesehen? Kühe? Muuhh!

Kinder entwickeln dabei viel Freude. Achtung: Sind leicht aggressive Kinder dabei, dann müssen wir aufpassen, dass die Kinder beim Zusammenkommen nicht rangeln.

☑ Eine gute Führung hat im Rhythmus auch ein Zusammen und Auseinander im Wechsel: Auf dem Futtertisch können die Teilnehmer innerhalb eines begrenzen Raums auseinanderdriften. Jeder schaut für sich. Beim Rausgehen können sie wieder durch einen Aufgabe oder durch Lenken des Blickes zusammen kommen.

Schnell – langsam

☑ Schnell oder in Zeitlupe gehen.

☑ Dinge schnell oder langsam im Wechsel tun. Vorher den Focus der Teilnehmer auf den Tempowechsel ausrichten. Worin liegt der Unterschied?

Oben – unten

☑ Erde tasten, ansehen und in die Hand nehmen.

☑ Einen Quadratmeter Wiese intensiv ansehen und Wahrnehmungen benennen.

☑ Wolken anschauen oder Dehnungsübung mit nach oben ausgestreckten Armen „Wolken fassen".

☑ Hochklettern oder hochsteigen und die Dinge von oben aus der Vogelperspektive anschauen.

Bewegung – Stillstand

☑ Bewusst gehen: Füße langsam heben – tragen – stellen und in der Bewegung innehalten.

☑ Oder das Gehen auch anders betrachten: Sichern – entsichern – sichern….im Verhältnis zum Stillstand.

Heiß – kalt

☑ Kalte Luft draußen wahrnehmen im Vergleich zur Wärme in der Kälberhütte, wenn ich die Hand hinein halte.

☑ Im Frühjahr in der ersten Sonne den Unterschied Sonne-Schatten bewusst wahrnehmen.

Nass – trocken

☑ Gras, Silage oder Heu tasten.

☑ Wände und Decken fühlen.

☑ Trockenen Boden oder Pfützen auf dem Feldweg untersuchen.

Hart – weich

☑ Betonboden, Horn der Kuh oder Fell im Vergleich tasten.

☑ Ist der Tonfall hart oder weich?

Alleine-zusammen

☑ Etwas gemeinsam oder alleine anheben.

☑ Alleine balancieren oder gemeinsam mit Handhalten.

Die Aufgabe

Konkrete Aufgaben beleben die Führung und geben der Begegnung eine Richtung. Sie lenken die Aufmerksamkeit auf etwas

Bestimmtes. Sie fordert die Teilnehmer, etwas Konkretes zu tun. Dies fördert das eigene sinnliche Beteiligt-Sein, sowie das eigenständige Entdecken von Zusammenhängen.

Zum Beispiel:

- ☑ Was hören Sie? Ein Huhn? Führen Sie uns doch bitte dorthin, wo Sie es gehört haben....
- ☑ Schaut bitte über diese Hofseite? Wo möchtest Du, Sabine, gerne zuerst hingehen?
- ☑ Geht stumm die 100 Meter bis zum Tor und pflückt unterwegs zwei Blätter. Am Ende des Wegs: Haltet die Blätter alle in die Mitte und lasst sie uns sortieren, nach Farbe, nach Form, nach Größe...
- ☑ Im Kälberstall toben die Kinder so, dass die Kälber unruhig werden und springen: Bitte hört alle genau auf die Geräusche und beobachtet, was die Kälber tun, wenn wir ganz ruhig sind und uns nicht bewegen....Kinder und Kälber lauschen und stehen völlig still.

Die Aufgabe ist ein wunderbares Element, in die Gruppendynamik einzugreifen und die Gruppe in ein harmonisches, den Interessen entgegenkommendes Zusammensein zu bringen. In einem weiteren Beispiel sind bei einer Familienführung die meisten Kinder zwischen 8 und 10 Jahren. Nur ein Junge ist 14 Jahre. Welche Sonderaufgaben kann ich ihm geben, damit auch er sich angesprochen fühlt? Kann er mein Assistent sein? Kann er helfen, die Kleinste zu führen? Darf er sich das erste Ziel aussuchen? Darf er als Erster testen, wie es ist die Zunge einer Kuh zu fühlen?

Wenn wir in der Anwärm-Phase vor der Führung gut hingesehen haben, dann wissen wir, wer mutig ist, wer vorweg geht, wer still ist usw. Es geht in der Führung auch darum, einzelne Teilnehmer über eine persönliche Schwelle zu bringen. Aber immer unter der Voraussetzung der Freiwilligkeit. Wie schön ist es, wenn der Ängstliche plötzlich der Kuh auch ganz vorsichtig aus eigenem Antrieb seine Hand hinstreckt. Wie groß ist das Strahlen, als die Kuh mit der Zunge darüber fährt! Wie laut das „Glucksen" und das ausgerufene „Ahh"!

In jeder Führung gibt es konkrete Aufgabenstellungen im Wechsel mit dem Treibenlassen. Dabei lassen wir einfach den Taten und Gesprächen der Teilnehmer ihren Lauf und treten in den Hintergrund. Entsteht dabei ein natürlicher, aus der Gruppe wachsender Rhythmus in der Führung, bezeichnen wir diesen als „Flow". Die Teilnehmer sind völlig wach in der Gegenwart und mit sich und den sinnlichen Erfahrungen des Augenblicks beschäftigt. Mit der Zeit entwickelt man ein gutes Gefühl dafür, nicht zu früh mit der nächsten Frage die Gruppe weiter zu führen.

Die Störung als Event

Wer stört?

- Jemand, der mit der Aufmerksamkeit und dem Interesse woanders ist?
- Jemand, dem etwas anderes plötzlich ins Auge gefallen ist?
- Jemand, dem vielleicht etwas weh tut?
- Eine Wespe, die den Teilnehmern um die Ohren fliegt?
- Jemand, der einen Gedankenblitz hat?

107

Sind dies wirklich Störungen oder einfach nur ein noch nicht aufgegriffener Impuls?

Eine Teilnehmerin entdeckte bei einer Führung eine Heftzwecke in einem Baum und schimpfte, dass diese dort nicht hingehöre. Mein Kollege lenkte darauf die Aufmerksamkeit der kompletten Gruppe auf den Baum und fragte in das Meinungsfeld: „Gibt es noch jemanden, den dies stört? Was denken die anderen?" Einige fingen darauf an, Vermutungen anzustellen, wie die Heftzwecke überhaupt in den Baum gekommen ist. Andere fragten sich, ob sie den Baum auf Dauer schädigt. Darauf wurde anhand eines Holzscheits geprüft, wie weit die Spitze in den Baum dringt... usw.

Welche Räume können sich plötzlich öffnen, wenn wir die Flexibilität haben, solchen Impulsen zu folgen?

Dies macht jede Führung zum Abenteuer und zeigt die Andersartigkeit von uns Menschen. Hierbei gibt es kein Gut oder Schlecht, sondern nur das andere Individuelle in allen Facetten.

Führungseinstiege und das Trennen von Großgruppen

- ☑ Alle Kinder stellen sich im Kreis auf. Der EFB-Begleiter stellt sich in die Mitte und fragt die Kinder, wo die Mitte genau ist. Zunächst steht er etwas schief und fragt: „Hier?" Die Kinder dirigieren ihn durch „mehr runter" oder „hoch". Wenn die Mitte gefunden ist, dann den Kreis in der Hälfte für zwei Gruppen oder in Viertel für vier Gruppen teilen.
- ☑ Teilung in zwei Gruppen: Es sind heute die Sabine und der Peter für Euch da. Sabine geht in den Stall und Peter durch diese große Tür, wo wir nicht wissen, was dahinter ist. Die

Kinder einzeln fragen: Möchtest Du in den Stall? Willst Du wissen, was hinter der Tür ist? Dementsprechend aufteilen und ggf. etwas steuern, damit in etwa gleich große Gruppen entstehen.

☑ Gruppen nach Geburtstagsmonaten aufstellen lassen: Eine Frühlings-, Sommer-, Herbst- und Wintergruppe bilden. Ggf. Gruppen nach Größe zusammen fügen.

☑ Aufteilung nach Kleidungsfarbe. Und nach freien Kriterien trennen.

☑ Gruppe nach Größe, Alter oder Alphabet aufstellen usw. und einteilen.

☑ Zwei Rätsel finden und fragen, wer welches Rätsel lösen möchte. Bitten, sich so aufzuteilen, dass zwei gleich große Gruppen entstehen. Beispiel: Die erste Gruppe sucht nach etwas, das sich zwei Minuten lang dreht, wenn wir es anheben. Die zweite Gruppe sucht nach etwas Buntem, das zerbricht, wenn es herunter fällt. Die Lösungen waren eine automatische Massagebürste für die Kühe und bunte Eier von verschiedenen Hühnerrassen.

☑ Begrüßungsrunde: Namen und ein Wort oder einen Satz auf die Frage: Was verbindet mich mit diesem Ort? Achtung: Wird mehr erzählt, begrenzen: Nur ein Wort oder ein Satz.

☑ Alle bitten, sich langsam um die eigene Achse zu drehen und zu schauen. Dann erfragen, was ins Auge gesprungen ist. Mit einem dieser Punkte starten.

☑ Alle bitten, die Augen zu schließen und sich langsam und still um die eigene Achse zu drehen und zu hören. Danach Augen öffnen und Geräusche den Orten zuordnen. Markantes benennen, Führung dort starten.

109

☑ Auf Teilnehmer-Impulse achten: Hat jemand etwas aufgehoben und in der Hand? Damit die Führung starten.

☑ Jeder schaut jedem in die Augen. Danach anders herum drehen, sodass wir mit dem Rücken zur Kreismitte stehen und im Geiste jeden TN noch einmal ansehen. Den Unterschied erfragen, wie das Gefühl am Rücken sich im Vergleich verändert hat.

☑ Blick in die Ferne auf den Horizont, rum drehen und aus dem Geiste wiederholen, was ich gesehen habe. Was hat mir gefallen? Was war störend?

☑ Einen Extrovertierten aus der Gruppe herausgreifen und diesen Fragen, wohin es ihn jetzt zieht. Diesem Vorschlag folgen.

☑ Symbol als Steuerrad in die Hand geben: Dieser darf die Gruppe wohin führen.

Aktivität ausleben

Wie geht man mit einzelnen sehr aktiven Teilnehmern in den Gruppen um?

☑ Zum Start vom Hof ein Stück ins Feld oder in die Wiese laufen und aus der Ferne auf den Hof sehen:

- Welche Gebäude sind zu sehen?
- Wie ist der Hof aufgebaut?
- Wie hat der Mensch wo eingegriffen in Feld, Wald, Wiese?
- Wie haben wir uns aufgestellt? Wer steht wo und warum? An die Plätze der Einzelnen stellen in der gleichen Position: Sitzend, stehend, angelehnt…und schauen, was wir in dieser Position wahrnehmen können. Worin bestehen die Unterschiede?

☑ Aufgaben geben, die Kraft erfordern: Strohballen erklimmen, Heu füttern…

☑ In der Wiese: Zu einem Punkt schnell gehen oder rennen – wer ist als Erster hin und zurück gelaufen? Dann noch einmal durchführen in Zeitlupe – wer kommt als Letzter zurück?

☑ Kreis bilden, Hand in Hand, gut festhalten und ziehen.

☑ Einzelnen stark aktiven Kindern eine Sonderrolle geben: Mach das bitte einmal vor! Zeig den anderen ….

☑ Kannst Du da hochsteigen?

Essen – bewusst machen

☑ Rosinen verteilen, jeder legt die Rosine auf die flache Hand: Kann ich das Gewicht spüren?
Riechen und mit Fingern, Wange und Lippen tasten.
In den Mund nehmen und mit der Zunge bewegen, in die Backentaschen nehmen, mit der Zunge vorsichtig kneten.
Erst nach einiger Zeit vorsichtig, ganz langsam zubeißen und das Rosineninnere schmecken an verschiedenen Stellen der Zunge.
Gekaute Rosine im Mund behalten und den Schluckreflex hinauszögern. Dann schlucken und nachspüren.
Erfahrungen austauschen und mit der eigenen alltäglichen Essgewohnheit vergleichen.

Führen und geführt werden

☑ Einer führt den anderen,

☑ der Geführte schließt die Augen. Dabei über unterschiedliche Böden führen, in unterschiedliche Räume usw.

☑ Variante: Führender nimmt einen Zeigefinger – Geführter legt die flache Handinnenfläche auf den Zeigefinger. Über Hindernisse führen.

Nach der Übung fragen, was die Teilnehmer über das Führen und Geführt-Werden gelernt haben.

Rhythmus und Tönen

☑ Vor uns liegt ein Stapel geschichtetes Holz. Wir klopfen mit einzelnen Stöcken daran und vergleichen den Klang. Der EFB-Begleiter bittet die Gruppe, sich Teilnehmer für Teilnehmer mit in das Klopfkonzert einzubringen. Einer beginnt mit zu rappen.

☑ In einem leeren Silo tönen. Zuerst klingt es mehr nach Geschrei. Der EFB-Begleiter bittet die Teilnehmer so zu tönen, dass sie sich gegenseitig hören können. Langsam entwickeln sich Harmonien und frei improvisiertes Lied.

☑ Rhythmusspiele mit den Händen oder Füssen. Durch Fußklopfen eine Welle durch den Kreis laufen lassen. Richtungswechsel einbauen.

Verschiedene Übungen im Kreis

Mit diesen Übungen wird Zusammenhalt und das Miteinander gefördert.

Bis 7 Jahre

☑ Imaginäres rohes Ei durch die Runde geben. Aufpassen, dass der Impuls nicht versackt.

☑ Im Kreis nach Tieren fragen. Tierstimmen nachmachen und mit typischen Bewegungen verbinden.

☑ Mit Kindern im Kreis auf den Boden, ins Heu oder Stroh setzen. Aus Kreis ggf. enger zusammenrücken und kuscheln wie die Ferkel.

☑ Im Kreis an Händen fassen und Bewegungen rund laufen lassen, wie Wellen, Kreis zusammenziehen und auseinander- dehnen.

Alle Altersstufen

☑ Rhythmusspiele mit den Füssen. Fußklopfen durch den Kreis bewegen, mal Richtung ändern, mehr Impulse gleichzeitig rund geben.

☑ Rechte Hand auf die des linken Nachbarn legen und rund klatschen. Schneller werden oder in Zeitlupe. Füße und Hände kombinieren.

☑ Engen Kreis bilden, Arm an Arm, die Nachbarn links und rechts spüren. Mit Gesicht nach innen im Unterschied zu Gesicht nach außen. Falls Bewegung entsteht, zulassen. Wie war die Wahrnehmung mit dem Gesicht nach innen, wie mit dem Gesicht nach außen? Was war im Rücken zu spüren?

☑ Kreis bilden, etwas in die Mitte legen und anschauen. Fragen dazu stellen, zum Beispiel: Was verbinden Sie hiermit? Welche Gedanken kommen Ihnen hierzu? Was würden Sie mit dem Gegenstand tun? Auf Impulse der Teilnehmer hören und improvisieren.

☑ Kreismassage: Schultern, Hände, Wolken fassen…

☑ Mit Kindern ein imaginäres Bild auf den Rücken eines anderen malen, wie die Hofansicht, den Stall mit Kühen …

☑ Kreis bilden, Hände mit den Innenflächen mit den Nachbarn aneinanderlegen und fühlen: Hand warm-kalt, Hand weich –

rauh, Druck leicht – fest, Druck mal spielerisch verändern, mit ganzer Kraft schieben…

☑ Etwas von Hand zu Hand rundgeben. Im Anschluss fragen, was es war, mit der Aufgabe, dass jeder nur Wahrnehmungen beschreibt und die Schlussfolgerung daraus, was es ist, zurückhält.

Entwicklungsimpulse

Des Weiteren sind der Phantasie keine Grenzen gesetzt. Mit Fragen nicht nur rund um die fünf klassischen Sinne fördern wir ihre Entfaltung. Die Fragen können sich in Richtung Zeit, Ort und Beziehung bewegen:

Wann und wo hast Du dieses Geräusch schon einmal gehört?

Woran erinnert Dich das?

Du hast ein Pferd wiehern gehört? Aus welcher Richtung kam es? Kannst Du dem Geräusch folgen und uns hinführen?

Immer wieder geht es darum, die Teilnehmer zu beobachten und aus deren Taten eine Übung für alle entwickeln. Die Fragen nach Fakten und Wahrnehmungen, nach Meinungen, nach Visionen und Zielen und nach konkreten Schritten helfen dabei, die jeweiligen Erfahrungen zu reflektieren.

Nachbereitung EFB-Führung im Unterricht

Lehrer kommen oft mit einem klaren Lernziel aus dem Lehrplan. Da wir dieses nicht in erster Linie bedienen wollen, folgt eine Notwendigkeit der Nachbereitung im Unterricht. Die folgenden

Fragen an den Lehrer können diesem helfen, sowohl den Führungsablauf besser zu verstehen, als auch das Erfahrene mit dem Unterrichtsstoff zu verknüpfen. Dadurch wird es wesentlich nachhaltiger gelernt.

Fragestellung - Interesse - Begeisterung

- Wo lag das stärkste Interesse der Kinder?
- Wo war ihre Begeisterung spürbar?
- Wie kann ich an diese Punkte anknüpfen?

Aus den folgenden Ereignissen während der Führung könnten weiterführende Fragen entstehen: Die Kinder klettern auf den Stroh- und Heuballen. Haben sie das Stroh und Heu angesehen? Woraus entsteht Heu oder Stroh und wie geht das?

Kinder fühlen die Zunge von einem Kuh-Kälbchen und entdecken, dass sie rau ist. Dann lecken die Ziegen an ihren Händen. Diese Zungen sind ganz samtig weich. Wieso ist das so? Wie und was fressen die Kühe und Ziegen? Beißen sie ab oder reißen sie das Gras ab? Wie müssen Zähne und Zunge dafür gestaltet sein?

Es regnet stark und es bilden sich Pfützen und Wasserdampf. Wieso entsteht an diesem Ort eine Pfütze? Wieso rauscht der Bach jetzt mehr? Was passiert, wenn es dort dampft? Wie entsteht der Kreislauf des Wassers?

Blick zum Gast und zu mir

- Welche Ereignisse haben die Beteiligten und mich als Lehrenden am meisten berührt?
- Was hat das mit den Kindern oder mit mir zu tun?
- Welche Veränderungsimpulse entstehen daraus?

115

Die Kühe oder Schweine stehen eng und kommen nicht raus. Die Gruppe spricht negativ darüber: Wieso ist das so? Was berührt mich unangenehm daran? Wie wünsche ich es mir? Was hat jeder einzelne von uns damit zu tun? Wie würden wir selbst das als Landwirt machen und was kostet was? Was fördern wir eigentlich als Verbraucher mit unserem Einkauf?

Ein 5-jähriges Kind sagt angesichts behörnter Kühe: Das sind alles Bullen! Dann entdeckt es eine Kuh mit Kalb und sagt fröhlich: Das ist der Mutterbulle! Eine Mutter fragt später, warum wir dies nicht aufgeklärt hätten?

Das Wertvolle in der Situation war die eigene Sprachbildung für das, wo noch keine Begriffe vorliegen. Wie lernen wir, das Unbekannte auszudrücken? Was passiert, wenn wir dies gleich korrigieren?

116

Besonderheiten des Alltags

In den Führungen entstehen immer besondere Situationen, die uns anknüpfen lassen an den Alltag. Wertvoll sind vor allem Begegnungen zwischen Mensch und Mensch, Mensch und Tier, Tier und Tier und Mensch und Dingen.

- Wo gab es Situationen der Begegnung?
- Was ist passiert?
- Was war gut oder schlecht daran?
- Wie wünsche ich es mir?
- Gibt es Situationen im Alltag, die ähnlich sind?
- Welche konkreten Schritte helfen bei der Veränderung?

Eines der jungen Kätzchen verlässt das Nest und folgt der Gruppe. Die Gruppe geht durch den Bach. Das Kätzchen kann nicht folgen und miaut auf der anderen Seite kläglich. Ein Mann in der Gruppe fühlt sich verantwortlich und geht zurück durch den Bach, holt das Kätzchen, trägt es durch die ganze Führung und bringt es am Schluss zurück.

Ein Junge sitzt im Rollstuhl und eine 3-Jährige möchte gerne bei ihm auf dem Schoß sitzen. Der Junge freut sich. Die Erwachsenen in der Runde wissen nicht so recht, wie sie sich dem Behinderten gegenüber verhalten sollen.

Gruppendynamik

- Was ist bezüglich der Gruppendynamik passiert?
- Wie war das soziale Verhalten untereinander, dem Tier und der Natur gegenüber?
- Welche Meinungen wurden in der Gruppe geäußert?
- Was hat sich daraus entwickelt?

117

Die Gruppe beobachtet eine Libelle. Ein Junge schlägt sie tot. Wir sehen weiter hin und schauen, was sich jetzt verändert hat. Wie greift dies in die Meinung und Stimmung ein?

Die Kinder wollen auf den Traktor. Jeder darf einmal hoch. Aber Paul mogelt sich immer wieder in die Reihe…

Ein Führungsbeispiel

Jeder Besuch hat einen Anfang und ein Ende. Dazwischen passiert ein Prozess, dessen Ausgang wir noch nicht kennen. Das folgende Beispiel gibt einen Eindruck darüber, wie eine Führung abläuft und wie sich die Wahrnehmungen des EFB-Begleiters zu Übungen verdichten und die Führung abrunden.

Ausgangslage

Im folgenden Beispiel geht es um die Führung mit Tagesmüttern und deren Pflegekindern:

Zielsetzung und roter Faden der Führung war, dass Kinder und Tagesmütter gemeinsam entdecken, erforschen, anfassen, tasten, riechen, schmecken…. Da die Kinder nicht wie Erwachsene sein können, entstand die Frage der EFB-Begleiterin an ihre Führung: Schaffen es Kinder und Erwachsene gemeinsam Spiel und Kreativität zu entwickeln? Wie können wir, vom Interesse der Kinder ausgehend, Vertrauen in die eigenen Fähigkeiten aufbauen?

Die Tagesmütter lassen sich aktiv auf die Kinder ein und arbeiten mit ihnen gemeinsam über die sinnliche Entdeckung.

Ablauf der Führung

Begrüßung mit Namen und Handschlag. Bei den Kindern geht die EFB-Begleiterin in die Hocke, um auf Augenhöhe zu sein. Sie bittet die Teilnehmer, sich im Kreis aufzustellen und macht die Alters- und Größenunterschiede bewusst.

☑ Alle sollen sich gleich groß machen. Die Kinder heben die Arme und recken sich, aber dies reicht nicht aus. Also gehen die Großen in die Hocke und schon klappt es. Der 8 jährige Alexander bekommt als ältestes Kind die Sonderrolle, um den Kreis zu gehen und zu korrigieren, bis alle wirklich gleich groß sind.

Alexander entdeckt eine Eisenstange, die wir in die Mitte legen.

☑ Alle versuchen gemeinsam, die Stange mit nur einem Finger hochzuheben und ein paar Meter weg zu tragen.

Die EFB-Begleiterin fragt, welche Tiere die Kinder denn hier vermuten und bittet alle, sie nicht zu bezeichnen, sondern die Tierstimme nachzumachen.

Es taucht die Frage auf, ob sich die Tiere untereinander verstehen. Jemand meint, dass dies nicht der Fall sei. Auf dem Weg begegnet uns ein Hund, der knurrt und bellt. Alle meinen, dass der Hund nicht möchte, wenn wir dorthin gehen und böse ist darüber.

Also können wir doch die Hundesprache verstehen. Auch die Katze macht einen Bogen.

Weiter bei den Hühnern, gackert der Hahn aufgeregt, als wir kommen. „Der Hahn hat Angst um seine Hühner", meint ein Mädchen.

Ein Kind findet eine Feder und hebt diese auf, fühlt und tastet.

☑ Die EFB-Begleiterin bittet die Kinder, sich mit den Federn zu kitzeln und zu streicheln. „Könnt Ihr auch die Mamis kitzeln und schauen, ob sie lachen?" Die Kinder streichen mit den

Federn über die Arme der Erwachsenen und diese bei den Kindern. Alle lachen und haben Spaß dabei. Eine Mami bekommt Gänsehaut, die alle bestaunen und sich fragen, wie diese zustande kommt.

Als nächste Station sind die Enten dran. Sie kommen watschelnd aus ihrem Häuschen. Kleine und große Teilnehmer schauen, warum die Enten so anders gehen. Es werden die Füße der Enten und Hühner verglichen, Krallen und Schwimmhaut bestaunt.

Am Baum daneben entdecken wir einen Zunderschwamm. Alle fassen ihn an, um zu schauen, ob er feucht oder trocken ist. Ein Erwachsener erklärt, wofür sie früher die Zunder benutzt haben, nämlich als Brennmaterial. „Es brennt wie Zunder"- daher auch das Sprichwort.

Vor dem Schweinestall: Die EFB-Begleiterin geht in die Hocke und flüstert, um alle zur Ruhe zu bringen. Sie erklärt, warum wir leise in den Stall gehen sollen. Im Stall ist es sehr ruhig, alle flüstern nur noch. Es werden Schweinenasen gefühlt, Ferkel gestreichelt, Infrarotlampen gefühlt und sich gefragt, warum diese warm sind. Ein Kind fragt, ob die Sau für jede Zitze ein Ferkel hat. Alle versuchen dies durch Zählen bei den einzelnen Familien zu prüfen.

Ein Kind entdeckt Katzenjunge. Alle staunen über die Kleinen.

Eine Mutter stellt fest, dass ihr bei dem Geruch Erinnerungen an ihre Kindheit hochkommen. Sie ist auf einem Hof aufgewachsen.

Auf dem Hof wird ein Wasserfass entdeckt und alle probieren die Tränke aus. Die Kinder fangen an zu spritzen und machen die Erwachsenen nass. Diese spritzen lachend zurück.

Die Kinder entdecken das Pferd, die Ziegen und streicheln diese. Der Focus fällt wieder auf die Füße, die in diesem Fall ja Hufe sind. Wieso haben die Pferde nur einen Huf und die Ziegen zwei? …

Die Kinder entdecken die Heuballen und fangen an zu klettern.

☑ Für die Erwachsenen: Sie tasten mit der rechten Hand etwa 2 Minuten das Heu. Als sie anschließend die Hände vergleichen, merken sie, dass die tastende Hand anders ist. Sie ist weicher, sensibler, trockener….

Zwei Erwachsene klettern ebenfalls auf die Heuballen.

Bei den Traktoren und dem Mähdrescher wollen alle gerne einmal im Führerhaus sitzen. Die Erwachsenen helfen und steigen teils auch hoch.

Getreide wird getastet und es wird beobachtet, wie sich die Körner bewegen, wenn von unten wieder etwas auf den Getreideberg geworfen wird. Die Kinder versinken ganz mit ihren Armen im Korn. Einzelne Erwachsene bücken sich ebenfalls. Das Korn wird probiert und sich gefragt, was es für eines ist.

Alle gehen zu den Kühen auf den Futtertisch und beobachten. Die EFB-Begleiterin lässt hier den Dingen ihren Lauf. Die Führung dehnt sich lose auf die gesamte Fläche vor den Kühen aus. Es bilden sich unterschiedliche kleine Interessengruppen, die

Verschiedenes anschauen und beurteilen. Der Futtertisch ist durch eine Rampe begrenzt. Dort entsteht eine Gefahrensituation und eine Mutter warnt: „Fall nicht hinunter." Die EFB-Begleiterin führt alle an den Rand und bittet sie, sich diesen genau anzusehen. Allen ist klar, dass dort „Ende" ist.

Nun helfen wir dem Landwirt, die Heuballen für die Kühe auszurollen. Einige toben kurz im Stroh.

Auf dem Rückweg geht es durch die Werkstatt. Einer Mutter fällt auf, dass ihr Pflegekind und sie die gleiche Neigung zum Werken haben.

In der Schlussrunde reflektieren alle, was ihnen gut gefallen hat. Alexander holt wieder den Metallstab. Die EFB-Begleiterin kommt auf die Idee, ein Foto zu machen, wie alle den Stab festhalten.

Ausblick und Dank

(Olaf Keser-Wagner und Claudia Klebach)

Das Erfahrungsfeld Bauernhof wäre nicht entstanden, wenn nicht viele Menschen mitgewirkt hätten. Manche haben zu den Ideen beigetragen und zu den Theorien, andere haben uns ihre Höfe zur Verfügung gestellt, im großen Vertrauen auf unsere Arbeit. Wieder andere kamen mit ihren Schulklassen und wussten nicht, worauf sie sich einließen. Wir haben Neuland betreten und wissen nicht, wohin die Reise geht. Aber wir setzen einen Schritt vor den anderen und prüfen immer wieder, was wir durch den vorherigen Schritt gelernt haben.

Herzlicher Dank geht an Walter Siegfried Hahn und Robert Friedrich, die den Impuls damals aufgegriffen haben und zu einem ersten Treffen geführt haben. Besonders auch an Jutta Stockheim-Shah, die uns immer wieder in kritischen Phasen unterstützt und fachlich recherchiert hat, sowie an Beate Schnettker, die als erste Lektorin dieses Buches hilfreiche Fragen gestellt hat. Sowie an das Bildungsforum Mengerskirchen, welches uns als Pilotprojekt unter seine Fittiche nahm. Dies erleichterte vor allem die Kontaktaufnahme zu Schulen und Kindergärten. An die weiteren Gründungsmitglieder des Vereins: Claudia Wagner, Grace Zozobrado-Hahn, die uns unterstützten, dass wir eine rechtliche Hülle bekommen haben. An die zahlreichen Erfahrungsfeld Bauernhof Begleiter, die uns in den Ausbildungen gezeigt haben, wo es noch hapert, die unermüdlich gefragt haben und damit den Impuls zu diesem Buch gelegt haben. Dank geht auch an Familie

Fürnstall und ihren Hof, sowie einige weitere Höfe rund um Mengerskirchen, inzwischen aber auch in Bayern, der Pfalz, der Eifel bis in die Schweiz und Österreich, sowie an die Pädagogin Anne Eid und die Landwirtin Daniela Hölz, die heute Vorstandsmitglieder sind.

Wir danken ganz lieb unseren Familien für die Hilfe und Toleranz, wenn wir ehrenamtlich unterwegs waren und viele Stunden am PC verbracht haben.

Wie geht es weiter? Wir erleben in den Themen, die unsere Teilnehmer mitbringen, dass Menschen hungrig sind nach sinnlicher Erfahrung, dass sie verstehen wollen, warum wir so Fragen können, dass sie unsere Fragen als hilfreich empfinden. Ob in der Organisationsentwicklung von Schulen und Kindergärten, in den brennenden Fragen nach Inklusion, Burn-Out-Prävention, ADHS Symptomatik und vielen anderen gesellschaftlichen Erscheinungen, finden wir Ansätze, Versuche, Spuren, mit denen wir uns weiter beschäftigen.

Eines wissen wir bestimmt: Wir bleiben dran an unserer Frage, wie sich das Erfahrungsfeld weiter entwickeln wird. Wir spüren dabei Orten und Zeiten nach, nehmen Beziehungen wahr, gestalten Verantwortungsräume und lernen immer wieder gemeinsam mit unseren Teilnehmern. Die Situationen werden komplexer und die Zeit scheint sich immer schneller zu verändern. Trotzdem nehmen wir uns den Moment, um uns darauf zu besinnen, welche Ziele wir mit welchem Schritt erreichen können. Welche Haltung und Ideen für die Zukunft hilfreich sind?

In diesem Sinne wünschen wir Ihnen, lieber Leser, eine besinnliche Zeit mit guten Fragen hinter den Fragen und vielen Erfahrungen nicht nur auf Bauernhöfen.

Claudia Klebach und Olaf Keser Wagner

Wenn Sie uns erreichen wollen, geht es am besten per Mail: buch@efb-ev.org

Claudia Klebach erreichen Sie in ihrem REWE-Markt unter der Telefonnummer 06476-418 870

Olaf Keser-Wagner erreichen Sie in München unter der Nummer 089- 38904202.

Wir freuen uns über Rückmeldungen, Anregungen, Empfehlungen!

Über die Autoren

Claudia Klebach

Jahrgang 1966 – Sie lebt mit Ihrer Familie in Mengerskirchen im Westerwald.

Seit 1988 selbständige Unternehmerin im Lebensmitteleinzelhandel mit den Themenschwerpunkten:

- Führung - Wie werden Mitarbeiter zu Mitunternehmern? Wandel in der Führungsstruktur vom Dreieck zum Kreis.
- Kundenbindung durch Nachhaltigkeitsentwicklung - Einkaufen in der Region, Förderung von Bio und Reduzierung von Zusatzstoffen in Lebensmitteln, sowie die Frage: Was verändert sich, wenn unsere Lebensmittel ein „Gesicht" bekommen?

Jahrelange ehrenamtliche Tätigkeit im Bereich Jugend- und Erwachsenenbildung in Kooperation mit öffentlichen Trägern wie Kindertagesstätten, Schulen, Gemeindeverwaltung, Städten und dem Land Hessen.

Für Ihre Arbeit wurde sie vielfach ausgezeichnet: Umweltpreis „Der grüne Einkaufskorb" des Bundesverbandes des NABU, Finalist beim Handelsinnovationspreis des Dachverbands des Deutschen Einzelhandels, Preise für Ausbildung und Nachhaltigkeitsentwicklung durch die Fachpresse des Einzelhandels.

Olaf Keser-Wagner

Jahrgang 1968 – lebt mit seiner Frau und seinen beiden Kindern in München.

Seit 2006 selbständiger UnternehmensKulturEntwickler mit den Schwerpunkten:

- Team- und Führungskräfteentwicklung
- Delegation von Verantwortung
- Entwicklung einer neuen Fragekultur und dialogischer Führung.

Als Geschäftsführer im „Erfahrungsfeld zur Entfaltung der Sinne und des Denkens" im Schloss Freudenberg in Wiesbaden vertiefte er sein Interesse und seine Fähigkeiten in der Erwachsenenbildung. Als Dipl. - Ing. agr. mit Schwerpunkt Ökologischer Landbau beschäftigt ihn nach wie vor die Entwicklung von gemeinsamen Lernsituationen in der Landwirtschaft.

Seine Begegnung mit Lex Bos und der Dynamischen Urteilsbildung führten zur Weiterentwicklung dieses Ansatzes und begleiten ihn heute in internationale Konzerne im Anlagenbau genau so wie zu Altenheimträgern, Schulen oder Kindergärten.

Gemeinsam gründeten und entwickeln Claudia Klebach und Olaf Keser-Wagner den Erfahrungsfeld Bauernhof e.V. mit dem Ziel, die echte Begegnung mit Mensch, Tier und Natur in der Landwirtschaft zu fördern. Darüber hinaus bieten sie damit Seminarentwicklungen an sowie die bundesweite Durchführung von Zertifizierungen zum Erfahrungsfeld-Begleiter.

Quellen und ergänzende Literatur

David Abram: Im Bann der sinnlichen Natur – Die Kunst der Wahrnehmung und die Mehr-als-Menschliche Welt; Verlag Think oya, ISBN 978-3927369-45-0, deutschsprachige Erstausgabe 2012: Über die Beziehung des Menschen zu anderen Menschen, Tier und Pflanze als Teil dieser.

Susanne Bächtold, Katja Supersaxo: Dynamische Urteilsbildung; Verlag: Haupt Verlag; Auflage: 1., Aufl. (1. Januar 2006), ISBN-10: 9783258068749: Grundlagen und Einsatzmöglichkeiten der dynamischen Urteilsbildung, die Ausgangsmethode für das 8x8 ist

Karl-Martin Dietz, Thomas Kracht: Dialogische Führung; Verlag: Campus Verlag; Auflage: 3. aktualisierte Auflage (17. Januar 2011) ISBN-10: 9783593394503 Führung in Unternehmen anders denken…

Daniel Goleman: EQ – Emotionale Intelligenz; Deutscher Taschenbuchverlag, 1995 erschienen, ISBN 3-423-36020-8: Wer Erfolg im Leben haben will, muss klug mit Gefühlen umgehen.

Walter Siegfried Hahn: Erfahrungsfelder zur Entfaltung der Sinne; Wolkentor-Verlag, ISBN 978-3-922554-08-0, Erstausgabe 2009: Eine Art Reiseführer zum Erfahrungsfeld zur Entfaltung der Sinne.

Thorsten Havener, Dr. med. Michael Spitzbart: Denken Sie nicht an einen Blauen Elefanten! Verlag: rororo; Auflage: 9 (1. März 2010) ISBN-10: 3499626098: Über die Bedeutung des Denkens

Monika Kiel-Hinrichsen: Warum Kinder nicht zuhören; Verlag Urachhaus, ISBN 978-3-8251-7468-2, Erstauflage 2005: Wege, wie Eltern und Erziehende mit Ihrer Botschaft bei Kindern auf offene Ohren treffen.

Fred Kofman: Metamanagement; Verlag: Kamphausen; Auflage: 1 (1. Januar 2005) ISBN-10: 3899010566 zum Thema Ganzheitliche Führung

Mikael Krogerus, Roman Tschäppeler und Philip Earnhart 50 Erfolgsmodelle. Kleines Handbuch für strategische Entscheidungen; Verlag Kein & Aber (Gebundene Ausgabe - 25. Oktober 2008)

Clemens Kuby: Mental Healing – das Geheimnis der Selbstheilung; Kösel-Verlag, München, ISBN 978-3-466-34535-9, Erstauflage 2010: Wege zur Selbstheilung basierend auf natürlichen und wissenschaftlich erklärbaren Prozessen.

Hugo Kükelhaus: Das Wort des Johannes; Alfred Metzner Verlag, Frankfurt am Main, ISBN 978-3-9523343-9-3, Nachdruck der Erstausgabe 2009 in größtmöglicher Annäherung an die Erstausgabe 1953, Bezugsquelle: Hugo Kükelhausstiftung, Kulturmühle, CH-3432 Lützelflüh, www.hugo-kuekelhaus.de mit Zeichnungen und Ideen von Hugo Kükelhaus zur Erfahrungsfeldthematik

Bruce Lipton: Intelligente Zellen – Wie Erfahrungen unsere Gene steuern; Koha Verlag, Erstausgabe August 2006, ISBN 3-936862-88-5: Diese Buch wird Ihre Vorstellung von den Auswirkungen Ihres Denkens und Fühlens für immer verändern. Wissenschaftliche Erkenntnisse, wie Denken und Fühlen unser physisches Leben verändert.

Otto Palmer: Rudolf Steiner über seine Philosophie der Freiheit-Monographie eines Buches; Verlag Freies Geistesleben, ISBN 3-7725-0665-8, 1966 erstmalig erschienen: Vertiefung und weiterführende Erklärungen

C. Otto Scharmer: Theory U – von der Zukunft her führen Verlag: Carl-Auer-Systeme Verlag; Auflage: 1., Aufl. (10. März 2009) ISBN-10: 3896706799 oder in Englisch: Verlag: Mcgraw-Hill Professional; Auflage: 1 (1. Februar 2009) ISBN-10: 9781576757635 - Grundlage für das 8x8

Hans Jürgen Scheurle: Übungsbuch Sinne – Zur Wahrnehmung der Gegenwart; Selbstverlag Dr. med. Hans Jürgen Scheurle, D-79410 Badenweiler, Unterer Kirchweg 13: Erste Auflage 2010. Lässt die Idee praktisch werden, dass unser ganzes Leben aus Wahrnehmung besteht.

Peter Senge, C. Otto Scharmer, Joseph Jaworski, Betty Sue Flowers: Presence; Verlag: Crown Business; Auflage: Reprint (15. Januar 2008) ISBN-10: 0385516304: Aktueller denn je – Wie wird man gegenwärtig?

Albert Soesman: Die 12 Sinne – Tore der Seele; Verlag Freies Geistesleben, ISBN 978-3-7725-2161-4, Originalausgabe 1994 erschienen, Neuauflage 2007: Darstellung und Hintergrund der Sinneslehre.

Dietrich Spitta: Goethes Einweihung und sein Märchen von der grünen Schlange und der schönen Lilie; Verlag Freies Geistesleben, ISBN 978-3-7725-1615-3, 1. Auflage 2008: Deutung des literarischen Kleinods Goethes, um seine Tiefen auszuloten und die weitreichenden Menschheitsperspektiven in fassbaren Ideen und Zusammenhängen darzustellen.

Rudolf Steiner: Die Philosophie der Freiheit – Grundzüge einer modernen Weltanschauung; Rudolf Steiner Verlag, Dornach / Schweiz, ISBN N 3-7274-6271-X, 1894 erstmalig erschienen, Neuausgabe 1918: Grundlage für die Entdeckung und Umsetzung der Lebensaufgabe – heute wieder durch die Idee aktuell

Coenraad van Houten: Erwachsenenbildung als Willenserweckung; Verlag Freies Geistesleben, ISBN 3-7725-1161-9 Die sieben Lernschritte

Ferdinand J.C.M. van Koolwijk: Außer Reden nichts gewesen? wbv Bertelsmann Verlag GmbH & Co. KG, ISBN 3-7639-0108-6C.

132